交通企业人力资源管理优化与员工激励机制

刘 佩 李海波 著

·郑州·

图书在版编目(CIP)数据

交通企业人力资源管理优化与员工激励机制 / 刘佩，李海波著． -- 郑州：河南大学出版社，2025.5．
ISBN 978-7-5649-6351-4

Ⅰ．F506

中国国家版本馆 CIP 数据核字第 20253U9W61 号

交通企业人力资源管理优化与员工激励机制
JIAOTONG QIYE RENLI ZIYUAN GUANLI YOUHUA YU YUANGONG JILI JIZHI

责任编辑	郑华峰
责任校对	陈　巧
封面设计	张田田

出版发行	河南大学出版社
	地址：郑州市郑东新区商务外环中华大厦 2401 号　邮编：450046
	电话：0371-86059715（高等教育与职业教育分公司）
	0371-86059701（营销部）
	网址：hupress.henu.edu.cn
印　刷	郑州尚品数码快印有限公司
版　次	2025 年 5 月第 1 版	印　次	2025 年 5 月第 1 次印刷
开　本	710 mm×1010 mm　1/16	印　张	7.25
字　数	114 千字	定　价	45.00 元

（本书如有印装质量问题，请与河南大学出版社联系调换。）

前　言

在当今社会，交通企业作为国家经济发展的重要支柱，承担着促进人员流动、货物运输及经济发展的重任。随着技术的日新月异、市场竞争的日益激烈及消费者需求的多元化，交通行业面临着前所未有的机遇与挑战。在这一背景下，如何有效地管理人力资源，提升员工的积极性与创造性，成为交通企业亟待解决的重要课题。

本书首先论述了交通企业人力资源管理的基本理论，深入探讨了交通企业人力资源规划与招聘优化、交通企业人力资源培训与发展体系构建，梳理了交通企业人力资源绩效管理体系的优化过程，并对交通企业员工激励机制进行了分析与探讨。希望通过本书的介绍，能够为读者在交通企业人力资源管理优化与员工激励机制方面提供帮助。

在写作过程中，笔者参阅了相关文献资料，在此，谨向其作者深表谢忱。

由于笔者水平有限，疏漏和缺点在所难免，希望得到广大读者的批评指正，并衷心希望同行不吝赐教。

作　者
2024 年 12 月

目 録

目 录

第一章 交通企业人力资源管理的基本理论 ··············· 1
- 第一节 交通企业人力资源管理的作用 ··············· 1
- 第二节 交通企业人力资源管理的特殊性 ··············· 5
- 第三节 交通企业人力资源管理模型与框架 ··············· 12

第二章 交通企业人力资源需求预测与招聘优化 ··············· 22
- 第一节 交通企业人力资源需求预测 ··············· 22
- 第二节 招聘渠道与策略优化 ··············· 32
- 第三节 招聘流程与面试技巧 ··············· 38

第三章 交通企业人力资源培训与发展体系构建 ··············· 48
- 第一节 培训内容与方式创新 ··············· 48
- 第二节 员工职业发展规划 ··············· 57

第四章 交通企业人力资源绩效管理体系优化 ··············· 67
- 第一节 交通企业绩效指标设计 ··············· 67
- 第二节 绩效评价方法与流程 ··············· 72

第五章 交通企业员工激励机制 ··············· 80
- 第一节 物质激励与精神激励的平衡 ··············· 80
- 第二节 目标设定与激励机制设计 ··············· 89
- 第三节 团队激励与个人激励的结合 ··············· 98

参考文献 ··············· 108

第一章 交通企业人力资源管理的基本理论

第一节 交通企业人力资源管理的作用

一、提升企业竞争力

(一)优化人力资源配置

通过优化人力资源配置,交通企业能够显著提高员工的工作效率和生产力,这有利于提升企业的整体竞争力。在交通行业中,员工的工作效率直接影响服务质量和客户满意度。合理的人力资源配置不仅能够降低运营成本,还能提升企业的市场竞争力。此外,优化人力资源配置有助于减少浪费,确保交通企业在激烈的市场竞争中保持优势地位。

(二)建立科学的绩效评估体系

交通企业通过公正、透明的绩效评估体系,可以有效地识别员工的优点和不足,帮助员工明确个人发展目标。这种体系也为企业的创新和发展提供了动力,因为员工在追求个人绩效提升的过程中,往往会积极参与企业的创新项目,从而推动企业整体的进步和发展。

(三)实施灵活的薪酬管理策略

实施灵活的薪酬管理策略能够有效吸引和留住高素质的人才,这是提升企业在行业中地位的关键。交通企业面对的是一个快速变化的市场环境,高素质人才的引入和培养直接关系到企业的长期发展。通过灵活的薪酬策略,交通企业可以根据市场变化和员工的个人贡献,调整薪酬结构,以此提升员工的积极性和创造力。

(四)营造积极的企业文化和良好的员工关系

交通企业通过建立良好的企业文化,可以提高员工的工作满意度和忠诚度。积极向上的企业文化不仅能使员工拥有归属感,还能激发他们的工作热情和创造力。良好的员工关系有助于减少内部矛盾,提高团队的协作效率,最终实现企业的长期稳定发展。

二、助力员工职业发展

职业发展不仅关乎员工个人的成长与成就感,还直接影响企业的整体绩效与竞争力。通过建立系统化的职业发展规划,交通企业能够帮助员工明确其职业目标与发展方向。这种规划不仅能够提升员工的职业认同感,还能增强其在企业中的归属感和忠诚度,使员工在实现个人价值的同时,为企业创造更大的价值。职业发展规划的有效实施,要求人力资源管理者具备前瞻性的视野和精准的判断力,以适应不断变化的市场环境和企业需求。

交通企业通过提供多样化的培训与发展机会,能够显著增强员工的专业技能与综合素质。这些培训与发展机会包括技术技能培训、管理能力提升及跨部门的轮岗机会等。通过这些多样化的培训与发展机会,员工不仅能够提升自身的职业能力,还能在不同的岗位中积累丰富的经验,从而为其职业生涯的发展奠定坚实的基础。培训与发展的多样性和灵活性,使员工能够在企业内部获得持续的成长动力,进而为企业的创新与发展提供源源不断的人才支持。

交通企业通过安排经验丰富的员工指导新员工,能够实现知识的传承与技能的提升。在这种制度下,不仅能为新员工提供专业的指导和建议,还能帮助他们快速融入企业文化,提升其团队协作能力。这种一对一的指导关系不仅促进了新员工的快速成长,也激发了老员工的责任感和成就感,从而在企业内部形成良好的互动与发展氛围。

交通企业通过评估,能够及时反馈员工的表现与发展需求,帮助其调整职业发展方向与策略。这种反馈机制不仅能帮助员工明确自身的优势与不足,还能为其制订更为切实可行的职业发展计划提供依据。职业发展评估的定期化和制度化,有助于企业及时发现和培养潜在人才,为企业的长期发展储备力量,同时也为员工的职业生涯提供了明确的成长途径和发展空间。

三、增强组织适应性

在人力资源管理中,增强组织适应性是确保企业在快速变化的市场环境中保持竞争力的关键。通过建立灵活的人力资源配置机制,交通企业能够迅速响应市场的变化和业务需求的调整。这种机制的核心在于对人力资源的动态管理,使企业不仅能在稳定的市场中运作良好,也能在动荡时期迅速调整策略以应对挑战。灵活的人力资源配置机制不仅包括人员的调配和管理,还包括岗位职责的重新定义和资源的有效分配,以确保企业在任何情况下都能保持高效运转。

企业通过实施员工技能评估与培训计划,能够有效提升员工的适应能力。交通企业需要定期评估员工的技能水平,并根据行业的新技术和趋势,制订相应的培训计划。这不仅能够提高员工的专业技能,还能提升他们对新环境的适应能力。通过这样的持续教育,员工能够更好地理解和应用最新的行业知识,提升个人和组织的竞争力。此外,技能评估也有助于发现员工的潜力和不足,为后续的职业发展和培训提供依据。

通过鼓励跨部门的协作与沟通,企业能够有效提升组织整体反应速度和灵活性。在交通企业中,各部门间的信息共享和资源整合至关重要。通过跨部门的合作,企业能够更及时地获取市场信息,做出快速决策。此外,这种协作还能促进创新,提升企业的综合竞争力。跨部门沟通不仅有助于解决当前问题,还有利于未来的战略发展,形成更具包容性和前瞻性的企业文化。

通过制订应急管理预案,企业在遇到突发事件或市场波动时能够迅速调整人力资源策略。交通企业面临的外部环境复杂多变,制订详细的应急预案可以帮助企业在危急时刻保持运营的稳定性。这些预案需要涵盖从人力资源调配到关键岗位人员的应急培训等,确保企业在任何情况下都能保持高效运作。通过这种前瞻性的准备,企业能够更好地抵御外部冲击,保障其长期的可持续发展。

四、推动企业文化建设

企业文化不仅是企业的灵魂,也是员工行为的指引。通过建立共享的价值观,交通企业能够强化员工对企业目标和使命的认同感。这种认同感有助于提升团队的凝聚力和向心力,使员工在工作中更加团结,朝着共同的目标努力。共享价值观的建立不仅需要高层管理者的引导,还需要全体员工的参与,这样才能在组织内部形成强大的文化氛围。

企业通过定期的文化活动和团队建设,不仅能够增强员工之间的互动和合作,还能营造出积极向上的工作氛围。通过团队建设活动,员工能够更好地了解彼此,建立信任,形成协作精神。这些活动也为员工提供了一个放松和交流的平台,有助于缓解工作压力,提升员工的工作满意度和归属感。积极的工作氛围是交通企业文化的重要组成部分,它能激发员工的创造力和工作热情。

通过倡导开放沟通,鼓励员工提出意见和建议,企业不仅能提升员工的参与感和归属感,还能推动创新思路和解决方案的产生。开放的沟通环境使员工感受到自己的价值,增强了他们对企业的忠诚度。管理层也能通过这种沟通机制,更好地了解员工的需求和想法,从而制定更符合实际的管理策略,提高组织的整体效能。

将企业文化融入日常管理和决策中,是确保文化建设取得实效的关键步骤。企业文化应成为员工行为和价值观的重要指导,贯穿组织的各个层面。通过在决策过程中考虑文化因素,企业能够提升整体组织的执行力,确保各项战略和计划的实施符合企业的长远发展目标。企业文化只有通过具体的管理实践来体现,才能真正成为交通企业发展的推动力。

第二节　交通企业人力资源管理的特殊性

一、交通企业岗位结构的复杂性

(一)职责交叉性

在交通企业中,岗位职责的交叉性对人力资源配置提出了严峻考验。由于不同岗位间的职责交叉,企业可能会在某些任务上投入过多的人力和物力,导致人力资源浪费。这种交叉性在某种程度上也会影响企业的决策效率,因为人力资源的重复配置可能导致信息冗余,进而影响决策的及时性和准确性。

职责交叉性使员工在多岗位之间流动,增加了他们的工作压力与适应难度。在交通企业中,员工常常需要在不同的岗位之间切换,这不仅要求他们迅速适应不同的工作环境,还需要其在短时间内掌握多种技能。这种岗位流动性虽然在一定程度上可以提高员工的综合素质,但也可能导致员工的职业倦怠和工作压力的增加。因此,企业需要在职责分配和员工培训方面进行优化,以减轻员工的负担,提高工作满意度。

交叉的职责可能导致信息沟通不畅,影响团队协作和项目的顺利推进。在交通企业中,信息沟通的畅通性对项目的成功至关重要。然而,职责的交叉性可能导致信息传递的断层或延迟,进而影响团队的协作效率。为了避免这种情况,企业需要建立健全的信息沟通机制,确保各个岗位之间的信息能够及时、准确地传递,从而促进项目的顺利推进和团队的高效协作。

职责交叉性要求员工具备多样化的职业技能,以适应多变的工作环境和岗位需求。交通企业的复杂性和多变性要求员工不仅要具备专业技能,还需要有较强的适应能力和学习能力。多样化的技能不仅能够帮助员工更好地应对不同的工作挑战,还能够为企业的长远发展储备人才。因此,交通企业在招聘和培训过程中,应注重培养员工的综合能力,以提高其在多变环境中的竞争力。

职责交叉性可以促进员工之间的知识共享与技能提升,从而提升团队的整体能力。职责交叉性虽然带来了挑战,但如果管理得当,也可以成为企业发展的动力。通过合理的职责分配和有效的沟通机制,企业可以促进员工之间的知识共享,提升团队的整体能力。此外,职责交叉性还可以激发员工的创新思维,推动企业在激烈的市场竞争中保持优势。因此,交通企业在面对职责交叉性时,应采取积极的管理策略,以充分发挥其潜在的积极作用。

(二)技能差异性

交通企业由于其独特的行业特点,岗位结构中的技能要求差异显著。技术岗位的专业技能需求尤为突出。操作大型交通工具和掌握相关技术标准是对技术岗位员工的基本要求。这不仅包括对工具的熟练掌控,还包括对安全标准和操作规程的严格遵循。技术岗位员工需要不断更新和提升自己的技能,以应对工具和技术的快速迭代。这样的高技能要求确保了交通企业在运营中的安全性和高效性。

与技术岗位相比,非技术岗位更侧重管理能力和客户服务技能。这些岗位的员工需要具备良好的沟通和协调能力,以便在多变的工作环境中有效地进行人员和资源的管理。客户服务技能在交通行业中尤为重要,因为它直接影响客户的满意度和企业的声誉。通过有效的沟通和服务,非技术岗位员工的工作能够提升客户体验,进而提升企业的市场竞争力。

不同岗位之间对应急处理和危机管理能力的要求也不尽相同。突发事件时,交通企业需要员工能够迅速反应,采取有效措施,确保运营的连续性和安全性。无论是技术岗位还是非技术岗位,具备应急处理能力的员工都是企业应对危机的重要保障。这种能力的培养需要通过系统的培训和实际操作经验的积累来实现。

在交通企业中,岗位对团队协作能力的要求尤为重要,特别是在跨部门项目中。协同工作的技能不仅能够提高项目的完成效率,还能增强员工之间的凝聚力。在跨部门合作中,员工需要协调不同部门的资源和时间,以实现共同的目标。这种协作能力的培养不仅依赖个人的沟通技巧,还需要企业文化的支持和团队建设活动的推动。

随着技术的不断进步,交通企业对员工的数字技能和数据分析能力的要求也在不断增加。新技术的应用和大数据的普及使员工需要具备更强的数字化思维和分析能力,以适应行业的快速变化。这种变化不仅影响技术岗位,也对非技术岗位提出了新的挑战。通过持续的学习和培训,员工能够更好地应对这些变化,为企业的创新和发展提供有力支持。

二、行业特性对人力资源配置的影响

(一)运营时间的特殊性

交通企业的运营时间具有显著的特殊性,其日常运作通常为 24 小时不间断。这一特性要求企业在各个时间段都必须确保有足够的人力资源配置,以维持正常的运营和服务质量。尤其在高峰时段,人员需求会显著增加,交通企业必须灵活调配人力资源,以应对突发的客流量和运输需求。这种灵活性不仅要求企业具备高效的调度能力,还需要其对员工进行有效的培训,使其能够迅速适应变化的工作环境和任务。

夜间和节假日的特殊运营模式对员工的适应能力提出了更高的要求。这些时间段的工作往往需要员工具备良好的时间管理能力和心理调适能力,以确保服务质量不受影响。为了应对这些挑战,交通企业需要制定科学合理的排班和轮班制度。合理的排班制度不仅能够平衡员工的工作与休息,还能有效减少员工的疲劳和工作压力,提高其工作效率。

运营时间的特殊性也使员工的排班和轮班制度变得异常复杂。交通企业在设计这些制度时,必须充分考虑员工的生理和心理需求,避免因过度疲劳而导致服务质量下降或安全隐患。同时,企业应积极探索和实施有效的激励机制,以鼓励员工在特殊时间段工作。通过提高员工在这些时间段的工作积极性和满意度,企业不仅可以提高整体服务水平,还可以增强员工的归属感和忠诚度。

（二）地理分布的广泛性

交通企业地理分布的广泛性要求灵活的人力资源配置,以满足不同地区的运营需求和市场特点。交通企业通常涉及多个地区的交通运营,其地理分布的广泛性使企业需要在各地配置适合的人员,以确保业务的顺利进行。不同地区的市场环境、客户需求和运营条件各异,这要求企业在人力资源配置上具有高度的灵活性和适应性。通过合理的人力资源配置,企业能够有效应对各地区的不同挑战,提高整体运营效率。

地理分布广泛的交通企业需要建立有效的沟通机制,确保各地区团队之间的信息共享与协作。由于企业在多个地区开展业务,信息的传递和沟通成为关键。建立高效的沟通机制,不仅能促进各地区团队之间的协作,还能帮助企业及时获取市场信息和运营反馈。现代信息技术的应用,如视频会议、即时通信工具等,为企业提供了便捷的沟通渠道,帮助团队克服距离带来的沟通障碍,确保企业整体运营的协调性和一致性。

交通企业的地理分布使员工的流动性和适应性成为关键因素,需要加强员工的跨区域培训与支持。由于业务的需要,员工可能需要在不同地区之间调动,这对员工的适应能力提出了较高的要求。企业需要通过系统的培训计划,提升员工的文化沟通能力和适应不同工作环境的能力。同时,应提供必要的支持措施,如住房、交通和家庭安置等,以帮助员工顺利过渡到新的工作地点,确保员工在新环境中的工作效率和满意度。

（三）技术更新的频繁性

随着科技的不断进步,交通行业的技术更新速度加快,这要求员工不断提升自身技能以适应新技术环境。员工的技能更新不仅是个人发展的需要,也是企业保持市场竞争力的关键。因此,交通企业必须关注员工技能的提升,帮助他们掌握最新技术,以确保企业在激烈的市场竞争中立于不败之地。

第一章　交通企业人力资源管理的基本理论

技术的快速发展对员工技能的要求日益提高,促使员工不断学习新技术以保持自身的竞争力。在这种环境下,员工的学习能力和适应能力显得尤为重要。企业需要为员工提供更多的学习机会和资源,鼓励他们参与各种培训和学习活动,以便及时掌握新技术。这种持续的学习不仅能促进员工个人能力的提升,也能为企业带来更高的生产效率和创新能力。

频繁的技术更新导致培训需求的增加,企业需要建立持续的培训机制以应对技术变化。交通企业应当制订系统的培训计划,确保员工能够定期接受与新技术相关的培训。这种培训机制不仅要使员工能够操作和应用新技术,还要使其理解新技术的背景和发展趋势。这种全面的培训能够有效提高员工的技术水平,使他们在面对技术更新时更加从容。

技术更新促进了岗位职责的变化,员工需要具备适应新技术带来的工作内容调整的能力。随着新技术的引入,许多传统岗位的工作内容和职责也在发生变化。员工需要具备快速适应新岗位要求的能力,这不仅需要技术技能的提升,还需要良好的学习态度和适应能力。交通企业在进行人力资源配置时,应充分考虑员工的适应能力,并提供必要的支持和指导。

技术更新加速了人才流动,企业需要制定吸引和留住具备新技术能力的人才的策略。在技术更新频繁的环境下,拥有新技术能力的人才往往成为市场的抢手资源。交通企业需要制定有效的人才吸引和培养策略,以确保关键技术人才的稳定性。这可能包括有竞争力的薪酬体系、良好的职业发展规划以及积极的企业文化等方面的建设。

技术更新推动了团队协作方式的改变,要求员工在跨部门合作中具备更高的技术适应能力和沟通技能。随着技术的不断更新,跨部门协作变得更加频繁和重要。员工不仅需要掌握自身领域的新技术,还需要具备与其他部门协作的能力。这包括良好的沟通技巧、团队合作精神及对其他领域技术的基本了解。交通企业应通过培训和实践,提升员工在跨部门合作中的综合能力,从而推动企业整体协同效应的提高。

三、交通安全与人力资源管理的关联

（一）安全管理与绩效考核的结合

交通企业是公共服务的重要组成部分,其人力资源管理需要特别关注安全管理与绩效考核的结合。这种结合不仅是提升员工工作效率的需要,也是保障公共安全的必然要求。在交通企业中,安全管理与绩效考核的结合是确保员工在遵循安全操作规程的同时,能够高效完成工作任务的关键。通过将安全管理与绩效考核相结合,企业能够在考核员工工作绩效的同时,强调安全操作的重要性,确保员工在追求业绩目标的同时不忽视安全要求。

将安全事故发生率纳入绩效考核体系,是交通企业提高安全管理水平的有效措施之一。这一做法不仅能够促使员工更加重视安全操作规程的遵守,还能够激励员工主动发现和报告潜在的安全隐患,减少事故的发生。通过这种方式,员工的安全意识将得到显著提高,而企业的整体安全水平也会因此得到提高。同时,这种考核机制能够为企业提供客观的数据支持,帮助管理层更好地了解安全管理现状,并制定相应的改进措施。

定期进行安全绩效评估是识别安全管理中薄弱环节的有效途径。通过系统的评估,交通企业能够发现安全管理中存在的问题,并及时采取措施进行改进。这种持续改进的过程不仅有助于提高安全管理水平,也有利于增强员工对安全管理的重视程度。安全绩效评估的结果还可以作为调整安全管理策略的重要依据,确保企业的安全管理措施始终处于最佳状态,以适应不断变化的工作环境和安全需求。

建立安全管理与绩效考核的反馈机制是确保考核体系有效性的关键。通过及时反馈,交通企业可以对考核标准进行动态调整,以适应实际工作环境的变化。这种灵活的调整机制能够确保考核指标的科学性和合理性,使员工在工作中更加明确安全目标。此外,反馈机制还能够促进管理层与员工之间的沟通,增强员工对安全管理的参与感和责任感,提高整体的安全管理水平。

（二）安全责任制与岗位设置的关联

确保每个岗位的员工清楚自身的安全职责和义务,是提高企业安全管理水平的关键。安全责任制的落实不仅是对员工个人的要求,也是对企业整体安全文化的塑造。通过明确的责任分工,员工能够在工作中自觉遵循安全规程,降低事故发生的可能性。

在交通企业中,岗位设置应充分考虑安全责任的分配,确保关键岗位配备具备安全管理能力的人员。这样的设置不仅能提高整体安全水平,还能在突发情况下快速响应,减少安全事故对企业运营的影响。具备安全管理能力的人员配置在关键岗位上,是对企业安全管理体系的有力支持。通过合理的岗位设置,企业可以形成以安全为导向的管理模式,从而在激烈的市场竞争中占据有利位置。

安全责任制的落实可以促进员工在日常工作中自觉遵守安全规程,降低事故发生的风险。交通企业的安全管理不仅依赖制度的建立,还需要员工在实际操作中贯彻执行。通过明确的安全责任,员工能够在日常工作中形成良好的安全习惯,从而在潜移默化中提高企业的安全管理水平。这样的管理模式不仅能有效降低事故发生率,还能在员工中形成良好的安全文化氛围。

岗位设置需要与安全培训相结合,确保员工在上岗前充分了解与其岗位相关的安全管理要求和操作规范。安全培训是交通企业安全管理的重要组成部分,通过系统的培训,员工能够掌握必要的安全知识和技能,从而在实际工作中有效预防安全事故的发生。岗位设置与安全培训的结合可以确保员工在上岗前具备必要的安全意识和操作能力,从而为企业的安全生产保驾护航。

第三节　交通企业人力资源管理模型与框架

一、交通企业人力资源管理模型的构建

（一）管理模型的构建原则

确保人力资源管理模型与企业战略目标高度一致，以支持企业的长远发展和核心竞争力的提升。在交通企业中，人力资源管理不仅是对员工的管理，也是对企业未来发展方向的引导。管理模型的构建应充分考虑企业的战略目标，确保人力资源政策与企业的愿景、使命和目标相契合。通过将人力资源管理与企业战略紧密结合，企业可以在快速变化的市场环境中保持竞争优势，确保在实现短期绩效的同时，支持企业的可持续发展。这样的模型不仅能够帮助企业在行业中立于不败之地，还能为企业未来的创新和发展奠定坚实的基础。

强调以员工为中心，关注员工的需求与发展，提升员工的参与感和归属感。交通企业的成功一定程度上依赖员工的积极性和创造力。因此，在构建管理模型时，应以员工为中心，关注他们的职业发展、个人成长和心理需求。通过为员工提供持续的培训和发展机会，企业可以激发员工的潜力，提升他们的工作能力和满意度。此外，鼓励员工参与企业的决策过程不仅能增强他们的责任感和归属感，还能为企业带来多元化的视角和创新的解决方案。这种以人为本的管理模式有助于建立积极的企业文化，提升员工的忠诚度和企业的整体绩效。

促进跨部门协作并确保人力资源管理各职能的协调与整合，是实现交通企业整体效能最大化的关键路径。在交通企业中，各部门之间的协作对于实现企业目标至关重要。人力资源管理模型的构建应注重跨部门的协作与整合，通过

建立有效的沟通机制和协作平台,打破部门之间的壁垒,实现资源和信息的共享。通过这种整合,企业可以实现人力资源管理各职能之间的协调运作,从而提高整体效能。这不仅能优化企业的运营流程,还能促进创新和知识共享,最终推动企业战略目标的实现和绩效的持续提升。

(二)管理模型的构建步骤

1.确定管理模型的核心要素

人力资源管理模型的核心要素通常包括招聘、培训、绩效管理和薪酬福利等。招聘是确保企业获得高素质人才的基础;培训是提升员工技能和适应能力的关键;绩效管理在于评估员工的工作表现,并通过激励机制提升其工作积极性;薪酬福利直接影响员工的满意度和留任率。明确这些要素之间的相互关系,有助于构建一个协调一致且高效的管理模型。

2.进行市场调研与员工需求分析

市场调研与员工需求分析旨在确保人力资源管理模型不仅能够满足企业的战略目标,还能回应员工的职业发展需求。市场调研可以帮助企业了解行业趋势和竞争对手的商业行为,员工需求分析则关注内部员工的期望和反馈。这种双管齐下的方法能够确保管理模型的设计既具备外部竞争力,又能提高内部员工的满意度和忠诚度。

3.制订实施计划

交通企业需要明确每个步骤的时间节点、责任人和资源配置。这不仅能确保人力资源管理模型的顺利推进,还能有效地协调各部门之间的合作。实施计划的细化程度直接关系到人力资源管理模型的执行效果,因此在计划制订过程中需要充分考虑可能出现的挑战和问题,并预先制订应对方案。

4. 建立反馈机制

通过定期收集员工的意见,交通企业可以及时调整和优化管理模型,以适应企业发展的变化。反馈机制不仅能够帮助企业发现人力资源管理模型中的不足,还能为其提供改进的方向和建议。这种动态调整的能力是确保人力资源管理模型长期有效的关键。

5. 开展培训与宣传活动

通过系统的培训,交通企业员工可以更好地理解新模型的运作方式及其对自身工作的影响。宣传活动有助于在企业内部营造支持创新发展的文化氛围,确保各部门协同落实相关策略。只有在全员的共同努力下,管理模型才能真正发挥其应有的作用,推动企业的可持续发展。

(三) 管理模型的构建工具

1. 数据分析技术

利用先进的数据分析技术,交通企业能够对人力资源管理的效果进行全面评估,从而能够帮助企业识别招聘、培训和绩效管理中的不足之处,并为优化策略提供科学依据。例如,通过分析员工的绩效数据,企业可以发现哪些培训项目最有效,从而调整培训资源的分配。此外,数据分析技术还能预测员工流动趋势,帮助企业提前做好人力资源规划,降低因人才流失带来的风险。

2. 流程管理软件

通过建立高效的人力资源管理流程,交通企业可以确保各个环节的协调与信息共享。流程管理软件不仅提高了管理效率,还为企业提供了一个透明的管理平台,帮助管理者实时监控各项人力资源活动。信息的及时共享使各部门能够快速响应人力资源管理中的问题,减少因信息滞后导致的决策失误。流程管

第一章　交通企业人力资源管理的基本理论

理软件的自动化功能也减轻了人力资源部门的工作负担,使其能够将更多精力投入战略性人力资源管理中。

3. 员工反馈系统

通过定期收集员工对人力资源管理措施的意见和建议,交通企业能够及时调整管理策略,满足员工的需求。这不仅增强了员工的参与感,还提高了员工对企业的忠诚度和满意度。反馈系统的有效运行需要企业建立一个开放的沟通渠道,鼓励员工积极表达自己的看法。企业还需要对反馈信息进行深入分析,以制定切实可行的改进措施。

4. 培训管理平台

培训管理平台为员工自我提升和职业发展提供支持,增强了培训的灵活性和可及性。通过培训管理平台,交通企业可以根据员工的个人发展需求为其定制培训计划,提高培训的针对性和有效性。在线培训资源的多样性也使员工能够根据自己的时间安排学习,有效地平衡工作与学习之间的关系,从而提高整体的工作效率和员工满意度。

5. 绩效管理系统

通过设定明确的绩效指标和反馈机制,企业能够有效提升员工的工作积极性和责任感。绩效管理系统不仅帮助员工明确自己的工作目标,还为管理者提供了一个客观的评估工具。通过定期的绩效评估,交通企业可以及时发现员工的优势和不足,为员工的职业发展提供指导。绩效管理系统的反馈机制也为员工提供了一个了解自身表现的机会,帮助他们不断提高自己的工作能力和效率。

二、交通企业人力资源管理框架的组成要素

(一)数据分析驱动人力资源决策

利用数据分析工具评估员工绩效,不仅能够筛选出高潜力人才,还能够发现

需要改进的领域,从而帮助企业制订更精准的培训和发展计划。这种方法通过量化的指标和客观的数据支持,能够有效避免传统评估方法中可能存在的主观偏见。此外,数据分析的结果还可以为企业的人才发展战略提供科学依据,确保人力资源的配置与企业业务发展方向一致,从而提升企业的核心竞争力。

在交通企业中,员工满意度调查和反馈机制是收集数据的重要途径。通过对调查结果的分析,企业能够深入了解员工的需求与期望,从而对现有的人力资源管理策略进行优化。这种基于数据的分析方法可以帮助企业提升员工的参与感和忠诚度,从而在激烈的市场竞争中保持优势。员工的满意度与企业的绩效息息相关,优化管理策略能够在提高员工工作积极性的同时,间接推动企业的整体发展。此外,及时的反馈机制还能促进员工与管理层之间的双向沟通,形成良好的企业文化氛围。

人力资源分析技术的运用,使交通企业能够实时监控员工流动率和离职原因。这些数据为企业制定有效的员工留任策略奠定了坚实的基础,帮助企业降低了人才流失的风险。通过对离职原因的深入分析,企业可以了解可能导致员工不满的管理或工作环境因素,从而进行针对性的调整。此外,监控员工流动情况还可以帮助企业预测未来的人才需求,提前做好人力资源的储备与规划,确保企业在快速变化的市场环境中依然能够保持稳定的运营。

在薪酬管理方面,结合市场薪酬数据进行薪酬结构设计,是交通企业保持竞争力的重要手段。通过对市场数据的分析,企业能够确保其薪酬体系在行业中具有吸引力,从而吸引和留住高素质的人才。合理的薪酬结构不仅能够激发员工的工作热情,还能提升整体组织绩效。交通企业需要不断关注市场薪酬的变化趋势,及时调整薪酬策略,以应对外部市场环境的变化和内部员工的需求变化,确保企业在人才竞争中始终处于有利地位。

(二)动态流程与系统集成

在交通企业中,建立动态的人力资源管理流程是应对快速变化的市场需求的关键。交通行业的特性决定了其市场环境的变化速度较快,因此,企业必须具

第一章 交通企业人力资源管理的基本理论

备灵活的人力资源管理能力,以确保各项人力资源活动能够及时响应业务变化。这种动态流程不仅要求企业能够快速调整招聘、培训等操作,还要求其在组织结构和文化上具有足够的弹性,以应对外部环境的变化。通过构建动态流程,企业可以在市场竞争中保持敏捷性和适应性,从而在不断变化的市场环境中保持竞争优势。

整合各部门的人力资源信息系统有利于提高企业的管理效率。通过数据共享与实时更新,企业能够显著提高决策的及时性和准确性。这种信息系统的整合不仅可以减少信息孤岛现象,还可以通过数据分析支持高效的决策制定。实时更新的人力资源信息系统能够为管理层提供最新的员工数据,进而制定更科学的管理制度。这种整合带来的高效能管理不仅提高了企业的运营效率,也为企业在战略层面的决策提供了坚实的数据支持。

系统集成在交通企业的人力资源管理中扮演着至关重要的角色。通过优化招聘、培训、绩效管理和薪酬福利等各个环节,企业能够形成闭环管理,确保各项人力资源政策和措施的有效实施与反馈。系统集成使各环节之间的信息流动更加顺畅,减少了信息传递过程中的误差和延迟。闭环管理不仅提高了各环节的运作效率,也为企业的全面发展提供了有力保障。这种有效的管理框架能够确保企业在日益激烈的市场竞争中稳步前行。

实施基于数据分析的动态监控机制有利于提升人力资源管理的灵活性与适应性。在交通企业中,对人力资源管理各个环节进行实时评估能够及时发现问题并进行调整。通过数据分析,企业可以对招聘、培训、绩效等环节进行深入的了解,从而做出更加合理的调整。这种动态监控机制还可以帮助企业预测未来的人力资源需求,提前做好相应的准备,进一步增强企业的竞争力和适应性。通过这种方式,企业能够在不断变化的市场环境中保持领先地位。

(三)持续沟通与反馈机制

在交通企业中,持续沟通与反馈机制的核心在于建立一种开放且流畅的信息交流体系,以确保员工与管理层之间的有效沟通。通过定期的沟通机制,企业能够及时了解员工的需求与反馈,从而迅速调整管理策略以满足员工的期望。这种机制不仅能有效减少信息不对称带来的误解,还能增强员工对企业的信任感和归属感。通过持续沟通,员工更容易理解企业的目标和政策,从而提高工作效率和满意度。

为了鼓励员工表达真实想法和建议,可以建立匿名反馈渠道。匿名反馈不仅保护了员工的隐私,还消除了他们对表达负面意见可能带来的后果的担忧。这种机制鼓励员工积极参与企业管理,提出建设性意见,促进企业管理层更好地了解员工的真实想法和需求。在这种开放的环境中,员工的参与感和归属感会得到提升,这对工作氛围和企业文化具有重要意义。

定期进行员工满意度调查是持续沟通与反馈机制的重要环节。通过系统化的调查,企业可以收集到关于员工对工作环境、管理政策和激励措施的真实看法。这些数据不仅帮助企业识别出当前管理策略中的不足之处,还为持续优化人力资源管理策略提供了科学依据。通过对调查结果的深入分析,企业可以制定更具针对性的改进措施,从而提升员工的工作体验和企业的整体绩效。

跨部门的沟通活动能够有效增强组织内部的凝聚力与合作精神。这些活动促进了不同团队之间的信息共享与协作,打破了部门间的壁垒,形成了更加紧密的合作关系。这样的沟通活动不仅能够提高组织的整体效率,还能激发员工的创新思维,推动企业的发展。通过跨部门的协作,交通企业能够更好地整合资源,实现组织目标的最大化。这种协作精神有助于交通企业在竞争激烈的市场中保持优势地位。

三、交通企业人力资源管理框架的实施步骤

(一)明确实施目标与优先事项

在交通企业的人力资源管理中,需要清晰地定义人力资源管理优化的具体目标,以提升员工满意度和企业绩效为核心导向。在激烈的市场竞争中,员工的满意度不仅影响其工作效率,还直接关系到企业的整体绩效。明确的目标能够

帮助企业在优化过程中保持方向一致,确保各项措施的实施都能朝着提升员工满意度和企业绩效的方向发展。

交通企业应聚焦关键职能,如招聘、培训和绩效管理,以实现人力资源管理的快速见效。招聘是人力资源管理的起点,确保招聘到合适的人才能够为企业的长远发展奠定基础。培训则是提升员工能力的重要手段,通过系统的培训计划,员工的职业技能和综合素质能够得到有效提升。绩效管理作为人力资源管理的核心环节,通过科学的绩效评估和反馈机制,能够激励员工不断提高工作效率,进而推动企业整体绩效的提升。

(二) 构建实施团队与分配任务

构建实施团队需要从企业内部挑选具备专业知识和实践经验的成员,以确保在优化过程中能够有效地应对各种挑战。实施团队的成员不仅需要具备专业技能,还需要具备良好的沟通能力和团队协作精神,以便在复杂的管理环境中实现高效合作。明确实施团队的角色与职责是确保成员清楚自己在优化过程中的任务的关键。通过清晰的职责分配,成员能够专注自己的任务,减少模糊地带带来的不确定性,从而提高整体工作效率。

确定实施团队的角色和职责后,需要根据项目需求合理分配任务。任务分配应当以团队每个成员的专业背景和兴趣领域为依据,进一步激发其工作热情和创造力。合理的任务分配不仅能避免资源浪费和重复劳动,还能确保团队的每个成员都能在其擅长的领域内发挥最大效能。为了进一步提高工作效率,应建立跨部门协作机制。通过促进不同职能团队之间的信息共享和资源整合,交通企业可以在复杂的管理环境中实现更高层次的协同效应。这种协作机制不仅能够提高整体工作效率,还能提升企业内部的凝聚力和创新能力。

(三) 开发数据监测与评估系统

通过建立实时数据监测系统,交通企业能够及时收集和分析员工绩效、满意度和流动率等关键指标。这种系统的建立有助于确保人力资源管理决策的及时性和有效性,使企业能够迅速响应内部和外部环境的变化,优化资源配置。实时数据监测不仅提高了管理的透明度,还为管理层提供了可靠的数据支持,帮助他们在复杂的商业环境中做出更为科学的决策。

开发数据可视化工具有利于提高决策效率。通过使用图表,管理层可以直观地查看人力资源管理的各项数据。这种可视化工具使复杂的数据变得易于理解,帮助管理层快速了解潜在的问题和趋势。例如,员工流动率的变化可以通过简单的图形表示出来,从而使管理层能够迅速采取措施,减少人员流失的风险。数据可视化不仅提高了信息传递的效率,还增强了管理层对数据的掌控力,促进了企业的整体发展。

实施定期的数据评估机制是确保人力资源管理策略持续适应企业发展需求的必要手段。结合员工反馈和绩效评估结果,交通企业可以动态调整其人力资源管理策略。这种动态调整机制使企业能够根据实际情况不断优化其管理模式,确保人力资源管理的灵活性和适应性。通过定期的评估,企业可以及时发现管理中的不足之处,并采取相应的改进措施,从而提高员工的满意度和工作效率。

(四)实施动态调整与优化策略

在交通企业中,人力资源管理的动态调整不是对现有策略的简单修正,而是一个持续的过程,旨在通过灵活的管理手段来应对市场和内部变化。建立动态反馈机制是其中的重要组成部分,通过定期评估人力资源管理策略的有效性,企业可以及时识别员工需求的变化和市场动向。这种机制不仅可以帮助管理者做出更为精准的决策,还可以提高员工的满意度和企业的整体效能。

灵活的调整方案是动态调整策略的核心,其实施依赖对员工绩效和满意度的深入分析。通过收集和分析这些数据,企业可以及时优化激励措施和培训计划,从而提升员工的工作积极性和忠诚度。灵活性体现在根据实际情况调整激励机制,确保激励措施能够真正激发员工的潜能上。这种方法不仅能够提高员工的个人绩效,还能提升整个团队的协作和创新能力,为企业带来更大的价值。

第一章　交通企业人力资源管理的基本理论

　　跨部门协作能够推动人力资源管理策略的持续优化。通过定期召开会议，分享各部门在实施人力资源管理中的经验与挑战，企业可以形成一个集体智慧的平台。这种协作不仅促进了部门之间的沟通与理解，还帮助企业在策略实施过程中发现潜在的问题和改进的机会。通过跨部门的协同努力，企业可以更好地整合资源，实现人力资源管理的整体优化。

　　制订应急调整预案可以确保企业在面临市场变化或突发事件时能够迅速反应。这样的预案不仅需要在平时进行充分的准备和演练，还需要在危机发生时能够迅速调整人力资源配置和激励机制，以保障企业运营的稳定性。这种前瞻性的准备工作能够降低风险，帮助企业在不确定的环境中保持稳定的运营，并为企业的长远发展奠定坚实的基础。

第二章 交通企业人力资源需求预测与招聘优化

第一节 交通企业人力资源需求预测

一、交通企业人力资源需求预测的方法

(一)定性预测方法

在人力资源管理中,定性预测方法是一种通过主观判断和经验分析来预测未来人力资源需求的重要手段。这一方法通常依赖专家的知识和经验,能够提供对复杂问题的深刻洞察。

1. 专家访谈法

专家访谈法是通过与行业内的资深专家进行深入交流,获取他们对未来人力资源需求的见解和预测。这种方法能够充分利用专家的行业经验和专业知识,为交通企业提供高质量的人力资源需求预测信息。专家访谈法的优势在于其灵活性和针对性,可以根据企业的具体情况进行调整,从而获得更为准确的预测结果。

2. 小组讨论法

小组讨论法是通过组织企业内部相关部门的人员进行小组讨论,汇聚不同视角下的人力资源需求预测信息。这种方法强调团队合作和多元化思维,能够有效地揭示出单一视角可能忽略的细节和问题。小组讨论法在交通企业中具有

重要的应用价值,因为交通企业的人力资源需求往往受到多种因素的影响,如政策变动、技术创新和市场需求变化等。通过集体讨论,企业可以更全面地把握这些影响因素,从而制定出更合理的人力资源规划。

3. 德尔菲法

德尔菲法是通过匿名问卷的方式多轮征询专家意见,以达成对人力资源需求的共识。该方法的核心在于匿名性和多轮反馈机制,这使专家能够在不受他人影响的情况下自由表达意见,并在后续轮次中根据其他专家的反馈调整自己的观点。德尔菲法特别适用于交通企业这种复杂性高、变动性大的行业。在多变的市场环境中,它能够帮助企业更准确地预测未来的人力资源需求,从而提高企业的人力资源管理效率。

4. 情景分析法

情景分析法是通过构建不同的行业发展情景,评估在各种情况下的人力资源需求变化。这种方法强调对多变环境的适应能力,通过设定不同的发展情景,如技术进步、政策变化、市场波动等,企业可以预先评估各种情境下的人力资源需求。这种方法的优势在于其前瞻性和灵活性,能够帮助交通企业在不确定的环境中进行战略规划。情景分析法不仅能够帮助企业识别潜在的风险和机遇,还能为企业提供多样化的应对策略,从而提高企业的竞争力和适应能力。

(二)定量预测方法

1. 时间序列分析

时间序列分析是通过对历史数据的系统分析,揭示出人力资源需求的长期趋势和周期性变化。通过对过去数据的深入挖掘,企业可以更好地理解需求的变化规律,从而在资源配置上做出更加合理的决策。这种方法尤其适用于像交通企业这样对外部环境变化高度敏感的行业。

2. 回归分析

回归分析是通过选择相关变量,如客流量、运营成本等,建立数学模型来预测人力资源需求。这种方法的优势在于能够量化不同因素对人力资源需求的影响程度,从而为决策者提供更加直观的参考依据。在交通企业中,客流量的变化往往直接影响人力需求的波动,利用回归分析可以有效地将这些变量与人力资源需求建立起数学关系,帮助企业进行更为精准的需求预测。

3. 指数平滑法

指数平滑法是基于历史数据的加权平均方法,通过对历史数据赋予不同的权重,得出未来人力资源需求的预估值。这种方法特别适合用于短期预测,因为它能够快速响应近期数据的变化,为企业提供及时的预测结果。在应对季节性客流变化时,指数平滑法可以帮助交通企业迅速调整人力资源配置,以应对临时的需求高峰或低谷。

4. 模拟法

模拟法是通过创建不同的运营场景进行模拟,评估在不同条件下的人力资源需求变化。这种方法的优势在于其灵活性和可操作性,能够帮助企业在面对不确定性时进行多方案评估。在交通企业中,模拟法可以用于评估新线路开通、政策调整等情景下的人力资源需求变化,从而为企业的战略规划提供有力支持。

(三) 混合预测方法

混合预测方法结合定性和定量分析,旨在综合多种数据来源,从而提高人力资源需求预测的准确性。定性分析通常包括专家意见和市场调研,这些信息为未来人力资源需求提供了重要的背景和趋势分析。定量分析则依赖统计模型和历史数据,通过数理方法揭示潜在的人员需求规律。两者结合的混合预测方法能够为交通企业提供更为全面和精确的预测结果。

通过将专家意见与历史数据相结合,交通企业能够形成更全面的预测模型,以应对人力资源需求的复杂性和不确定性。专家意见常常基于多年行业经验和对市场动态的深刻理解,能够识别出定量数据中可能被忽视的细微变化和新兴趋势。历史数据的分析为预测人力资源需求提供了实证基础,通过了解过去的模式和周期性变化,帮助企业更好地理解未来的人员需求。这种结合不仅增强了预测的可靠性,还为企业在决策过程中提供了更为多元的视角。

情景分析与时间序列分析的利用是混合预测方法中的重要环节。情景分析允许企业评估在不同市场环境下的人员需求变化,通过设定多种可能的发展途径,企业可以提前制定应对策略。时间序列分析则通过分析历史数据的变化趋势,帮助企业识别长期和短期的需求波动。这种分析方法的灵活性使交通企业能够更好地应对市场的不确定性,确保在人力资源规划中保持前瞻性和适应性。

在混合预测中,定性预测方法和定量预测方法各有其独特的优势。定性预测方法能够识别新兴趋势和潜在挑战,为企业提供战略方向上的指导。定量预测方法则通过数据分析提供实证支持,确保决策的科学性和准确性。通过这两种方法的结合,交通企业能够在动态变化的市场环境中保持竞争力,及时调整人力资源策略以满足业务需求。

整合多种预测方法是交通企业在混合预测方法中实现动态调整机制的关键。通过这种整合,企业能够建立起一套灵活的预测系统,并及时响应市场变化和人力资源需求的波动。这种动态调整机制不仅提高了企业的反应速度,还提升了其在市场中的适应能力,确保企业在激烈的市场竞争中始终处于有利地位。

二、交通企业人力资源需求预测的步骤

(一)数据的收集与分析

在人力资源需求预测中,交通企业需要确定关键数据指标,如员工流动率、岗位空缺率和技能需求等。这些指标为人力资源需求预测提供了基础数据支持,帮助企业在动态的市场环境中保持竞争力。员工流动率可以揭示企业在吸

引和留住人才方面的成效;岗位空缺率可以帮助企业识别招聘需求的紧迫性;技能需求分析能确保企业在技术发展中具备必要的人才储备。

交通企业还需要收集行业内外的市场趋势和政策变化信息。交通行业的政策变化和市场趋势可能对人力资源需求产生深远影响,通过分析这些潜在影响因素,企业可以更好地调整其人力资源策略。例如,新的交通法规可能要求企业招聘具备特定技能的员工,市场趋势的变化则可能影响到整体的用工需求。通过及时获取这些信息,企业能够在招聘策略上做到未雨绸缪。

进行员工满意度和绩效评估调查能够帮助交通企业了解现有员工的技能和发展需求。通过这些调查,企业可以掌握员工对工作环境的满意度及他们在岗位上的表现。这些信息不仅能帮助企业优化招聘策略,还能帮助企业制订有效的员工培训和发展计划,以提升整体组织绩效。

利用数据分析工具对历史人力资源需求数据进行整理和分类也是关键步骤之一。通过对历史数据的分析,交通企业可以识别出人力资源需求变化的模式和规律。这些模式和规律为企业预测未来需求提供了重要参考。数据分析工具的使用使企业能够从大量数据中提取出有价值的信息,并且帮助决策层在招聘和人力资源规划中做出更精准的判断。

与其他部门合作,收集运营数据和客流量信息,能够确保人力资源需求预测的准确性。交通企业的人力资源需求与其运营状况密切相关。通过与运营部门的合作,企业可以获取实时的运营数据和客流量信息,从而更准确地预测人力资源需求的变化。这种跨部门的协作不仅提高了预测的准确性,也促进了企业内部的信息共享和资源优化配置。

(二)预测模型的选择

在人力资源需求预测过程中,选择适合交通企业特点的预测模型,需要充分考虑交通行业的独特性,以确保所选模型能够准确反映行业特性和人力资源需求的变化。交通企业通常面临复杂的环境和多变的市场需求,因此,预测模型不仅要具备高精确度,还需要具有适应行业动态变化的能力。通过选择合适的预测模型,企业能够在竞争激烈的市场中保持人力资源的灵活性和适应性,从而有效支持企业实现战略目标。

在选择预测模型时,必须评估不同模型的准确性和可靠性。选择历史数据拟合度高的模型进行需求预测,可以确保预测结果的可信度和可操作性。通过分析历史数据的趋势和模式,企业能够识别出影响人力资源需求的关键因素,并在模型中加以体现。高拟合度的模型不仅能够反映过去的变化情况,还能够为未来的需求变化提供科学依据,从而帮助企业制定更为精准的人力资源规划。

交通行业的季节性波动是影响人力资源需求的重要因素。因此,在选择预测模型时,需要考虑这种季节性波动因素,选择能够动态调整的预测模型,以应对需求变化的灵活性。这意味着预测模型不仅要能够反映长期趋势,还需要具备短期调整的能力,以应对季节性或突发性的人力资源需求变化。通过动态调整,企业能够及时响应市场变化,避免人力资源的过剩或短缺,从而提高运营效率和市场竞争力。

为了提升整体预测效果和适应性,交通企业可以整合多种预测模型的优点,构建复合型预测模型。复合型预测模型通过结合不同模型的优势,能够更全面地分析和预测人力资源需求的变化趋势。通过这种方式,企业不仅能够获得更为准确的预测结果,还能够提高模型在不同情境下的适应能力。复合型预测模型的应用有助于企业在复杂多变的市场环境中保持人力资源的战略优势。

(三) 结果验证与调整

在交通企业的人力资源需求预测过程中,通过定期对预测结果与实际人力资源需求进行对比,可以有效评估预测模型的准确性和实用性。这个过程不仅能够帮助企业识别预测中的偏差,还能为模型的进一步优化提供实证依据。通过对比,企业能够分析出哪些因素导致了预测与实际需求的差异,从而采取针对性的改进措施。

根据实际运营情况及时调整预测模型的参数,有利于提高预测模型的敏感性和适应性。交通企业的外部环境和内部运营状况常常处于动态变化之中,因此,预测模型必须具备灵活调整的能力。通过对模型参数的调整,企业可以更好地适应市场需求的波动和企业战略的变化。参数调整不仅是对模型的技术性优化,也是对企业战略目标的深刻理解和对市场趋势的敏锐洞察。

建立反馈机制,收集各部门对人力资源需求预测结果的意见,能够促进多方参与和信息共享。通过反馈机制,各部门可以就预测结果发表看法,提出改进建议。这种多方参与的方式不仅能提高预测的准确性,还能促进企业内部的信息流动和协作。通过广泛的意见收集,交通企业能够更全面地了解各部门的实际需求和面临的挑战,从而在预测模型中加以反映。

定期进行市场趋势分析,结合外部环境变化,动态调整人力资源需求预测策略,有利于提升预测的准确性。市场环境的变化往往会对企业的人力资源需求产生直接影响,定期的市场分析可以为预测策略的调整提供重要依据。通过对外部环境的监测,交通企业能够及时识别潜在的市场机遇和风险,从而调整其人力资源规划以保持竞争优势。

持续监测人力资源需求的变化,确保预测结果与企业战略目标相一致,是人力资源需求预测的最终目标。持续监测不仅能够为及时发现预测中的偏差提供帮助,还能确保预测结果与企业的长远发展战略保持一致。通过对预测结果的持续跟踪,交通企业能够更好地协调其人力资源规划与整体战略布局,从而在激烈的市场竞争中立于不败之地。

三、交通企业人力资源需求预测的注意事项

(一)保证数据的准确性与完整性

数据的准确性直接关系到预测结果的可靠性,因此,在选择数据来源时,企业应优先选择来自权威机构和专业平台的数据,这不仅能提高数据的可信度,还能为人力资源需求预测提供坚实的基础。交通企业依赖可靠的数据来源可保持竞争优势,通过选择可信的数据来源,能够更好地应对市场变化和行业动态。

除了数据来源的选择,数据的时效性也是影响人力资源需求预测的重要因

素。行业变化和市场动态往往迅速而不可预测,因此,定期更新数据显得尤为重要。通过及时更新数据,企业能够更准确地把握市场趋势,调整人力资源策略,以适应不断变化的外部环境。

为了确保数据的准确性,必须实施数据审核机制。通过多层次的验证流程,企业能够识别和纠正数据中的错误,确保所使用数据的准确性。不同地区的企业在数据审核机制上的成熟度有所不同,这直接影响人力资源需求预测的精确度。通过完善的数据审核机制,交通企业可以更好地保证数据的质量,为人力资源决策提供可靠的支持。

建立完善的数据管理系统有助于数据完整性的实现。高效的数据管理系统能够集中存储和处理与人力资源相关的数据,便于分析和共享。这不仅提高了数据的完整性,还提升了交通企业的整体数据管理能力。

(二) 适应行业变化进行动态调整

交通企业在面临瞬息万变的行业环境时,必须建立灵活的人力资源调整机制,以快速响应行业政策和市场需求的变化。这种机制的核心在于确保人力资源配置的高效性,进而支持企业的战略目标。通过灵活调整,企业能够在政策变化或市场需求波动时,及时进行人员的增减与岗位的调整,从而避免因人力资源配置不当而导致的运营瓶颈。此外,灵活的人力资源调整机制还能够帮助企业在竞争激烈的市场中保持竞争力,确保人力资源的最佳利用,从而实现企业的可持续发展。

通过定期进行市场调研,交通企业能够有效保持竞争优势。通过对市场的深入了解,企业可以及时获取行业动态和竞争对手的人力资源策略。这种信息对于调整自身的招聘和培训计划至关重要。通过对竞争对手策略的分析,企业能够发现自身在人力资源管理中的不足之处,并据此进行改进。市场调研还能够帮助企业预测未来的人力资源需求趋势,从而提前做好准备,避免因市场变化而措手不及。通过不断地调整和优化,企业能够在激烈的市场竞争中立于不败之地。

通过利用数据分析工具进行实时监测，交通企业能够确保人力资源需求预测的准确性。通过数据分析，企业可以实时掌握人力资源需求的变化，确保预测模型能够根据实际情况进行动态调整。这种动态调整不仅能够提高预测的准确性，还能帮助企业在短时间内做出决策，减少因预测失误而导致的资源浪费。数据分析工具的应用，使企业能够在数据海洋中提炼出对人力资源管理有价值的信息，从而提高决策的科学性和有效性。通过数据驱动的人力资源管理，企业能够在复杂的市场环境中游刃有余。

（三）考虑技术进步带来的影响

随着智能交通系统和大数据分析的广泛应用，企业在招聘过程中更加看重应聘者的数字化技能。这种转变要求企业在招聘策略中，优先考虑具备相关技术能力的人才，以确保他们能够有效地利用新兴技术来提高企业的运营效率和服务质量。因此，交通企业需要在招聘计划中明确数字化技能的具体要求，并在人才市场中积极寻找具备这些技能的候选人，以保持竞争优势。

新技术的快速发展对员工的学习能力提出了更高的要求。交通企业必须认识到，员工需要具备持续学习的能力，以便能够快速掌握新工具和新技术。这不仅能够提高个人工作效率，也能提升整个团队的创新能力和适应能力。因此，企业应当在员工培训和发展计划中，重点培养员工的学习能力，并提供相应的资源和机会，使他们能够不断更新自己的技能和知识储备，以应对技术进步带来的挑战和机遇。

自动化和人工智能的进步正在改变传统的工作岗位结构。交通企业可能面临部分传统岗位减少的局面，同时，新的技术岗位也在不断涌现。因此，企业需要重新评估其人力资源结构，了解哪些岗位将受到影响，以及需要新增哪些岗位来支持企业的技术转型。通过这种评估，企业可以更好地制定人力资源规划，确保在技术发展的浪潮中，能够有效配置和利用人力资源。

技术进步还使远程工作和灵活用工模式成为可能。交通企业应当调整其人力资源管理策略，以适应这种新趋势。远程工作不仅能够降低运营成本，还能吸引更多的优秀人才加入企业。因此,企业需要制定灵活的工作政策,提供必要的技术支持和管理工具,以确保远程员工能够高效工作。企业还应关注员工的工作体验和满意度,以维持高水平的员工敬业度和忠诚度。

(四) 关注长期与短期平衡

交通企业在制定人力资源规划时,需要兼顾短期招聘需求与长期人才培养的平衡。这种平衡不仅能确保当前运营的效率,还能为未来的发展储备所需的人才。在短期内,企业可能需要快速补充人力以应对市场的瞬息变化,因此灵活的招聘机制显得尤为重要。然而,仅仅关注短期需求可能导致员工流动性增加,影响企业的长期稳定性。因此,企业应同时关注员工的职业发展,提供清晰的晋升通道和职业规划,以促进员工的长期留任。这种双重关注有助于在满足当前业务需求的同时,为企业的未来发展奠定坚实的人才基础。

为了有效地平衡短期和长期的人力资源需求,交通企业需要建立灵活的招聘机制。这种机制应能够快速响应市场变化,及时补充所需要的人力资源。在短期内,企业可能面临临时项目或季节性需求的挑战,这就要求招聘机制具有高度的灵活性和响应速度。企业在招聘过程中也应考虑员工的职业发展潜力,确保新员工不仅能胜任当前工作,还能在未来成长为企业的中坚力量。通过这样的招聘策略,企业可以在短期内维持运营效率,并在长期内培养出一支稳定且高效的团队。

交通企业可以通过实施绩效评估和职业发展计划,来平衡短期业绩与员工的长期职业成长。绩效评估可以帮助企业识别出高潜力员工,并为其制订个性化的职业发展计划。这不仅能激励员工提高工作绩效,还能增强其对企业的忠诚度和归属感。职业发展计划则为员工提供了明确的成长途径,使其在实现个人职业目标的同时,推动企业的整体发展。通过这种方式,企业能够提升整体团队的稳定性和专业性,形成一个可持续发展的人力资源管理体系。

交通企业应定期审视其人力资源策略,以确保短期目标与长期战略相辅相成。这种审视不仅包括对现有人力资源政策的评估,还包括对市场趋势和行业变化的分析。通过定期的审视和调整，企业可以确保其人力资源管理策略能够适应内外部环境的变化，形成一个动态且可持续的人力资源管理体系。这样的体系不仅能支持企业当前的业务需求，还能为其未来的发展提供持续的人才支持。通过这种方式，交通企业可以在竞争激烈的市场中保持领先地位，实现其长期战略目标。

第二节　招聘渠道与策略优化

一、多样化招聘渠道的整合与优化

（一）社交媒体和求职平台的应用

社交媒体平台不仅可以用来发布招聘信息，还可以有效扩大招聘的覆盖面，吸引更多潜在候选人。通过这些平台，交通企业能够突破传统招聘渠道的局限，触及更广泛的受众群体。利用社交媒体的互动功能，企业能够与求职者进行实时沟通，这种即时互动不仅提高了招聘效率，还显著改善了候选人的求职体验，使招聘过程更加透明和人性化。

通过分析社交媒体上的求职者反馈和互动数据，交通企业可以不断优化其招聘策略。这些数据分析能够帮助企业更精准地调整职位描述和要求，以更好地匹配市场需求。这种数据驱动的方法使招聘过程更加科学化和精细化，确保企业能够在竞争激烈的人才市场中占据优势地位。求职平台提供了专业的求职者数据库，企业可以通过这些数据进行精准筛选，找到符合特定技能需求的人才，从而提升招聘质量。

结合社交媒体和求职平台的数据分析，交通企业能够增强招聘渠道的有效性。这种整合式的数据分析不仅能帮助企业优化资源配置，还能提高整体招聘的成功率。在这个过程中，企业需要不断评估不同渠道的情况，及时调整策略，以确保招聘活动的高效性和针对性。通过对多样化招聘渠道的整合与优化,交通企业能够在日益复杂的人才市场中保持竞争力,确保其人力资源管理的长远发展。

(二)校园招聘方式的创新

交通企业通过建立校企合作关系,提供实习和项目机会吸引优秀学生,从而提升招聘的针对性和有效性。这种合作不仅使学生能够深入了解企业文化和工作环境,还为企业提供了观察和评估潜在员工的机会。有效的校企合作能够帮助企业在激烈的人才竞争中占据优势地位。

随着数字化技术的普及,线上校园招聘会和虚拟宣讲会成为拓宽招聘渠道的重要手段。通过这些方式,交通企业可以突破地域限制,接触到更多潜在候选人。这种线上招聘模式不仅能降低企业的招聘成本,还能提高招聘效率。通过精心设计的虚拟互动平台,企业能够更好地展示自身的优势和特色,吸引更多优秀人才的关注。

创新的校园招聘活动,如职业技能大赛和创新创业挑战赛等,能够极大地激发学生的参与热情。这些活动不仅提升了企业的品牌影响力,还为企业提供了识别和吸引优秀人才的机会。通过这些活动,交通企业能够展示其对创新和发展的重视,从而吸引那些具有创新精神和创业潜力的学生。

为了在校园招聘中脱颖而出,交通企业需要制定个性化的校园招聘宣传策略。通过突出企业文化和职业发展机会,企业能够吸引那些符合企业价值观的学生。个性化的宣传策略能够帮助企业在众多招聘信息中脱颖而出,使潜在候选人对企业产生更深刻的印象,从而提高招聘的成功率。

(三)行业展会与招聘会的结合

行业展会与招聘会的结合不仅能够提升企业的品牌知名度,还能够吸引更多优秀人才的关注和参与。通过在行业展会中展示企业的创新技术和服务,交通企业能够有效地传达其在行业中的领先地位和企业文化,从而吸引与企业价值观相契合的人才。品牌知名度的提升不仅是企业在市场竞争中的一张名片,也是吸引高素质人才的重要手段。通过这种方式,企业能够在招聘市场中占据有利位置,吸引更多潜在候选人。

在参加行业展会的过程中,交通企业有机会与其他同行进行交流,分享实践感悟。这种交流不仅能够使企业获取最新的行业动态和技术趋势,还能为其优化自身的招聘策略提供宝贵的参考。同行间的经验分享和策略探讨,有助于企业在招聘过程中采取更加精准的策略,提高招聘效率和效果。通过这种方式,企业能够不断改进自己的招聘流程,确保在激烈的人才竞争中保持优势地位。

在招聘会期间,交通企业可以通过现场面试和互动环节,快速筛选和评估候选人。这种直接的互动方式使企业能够更全面地了解候选人的专业能力和个人特质,从而做出更准确的招聘决策。现场面试不仅能加快招聘进程,还能有效降低招聘成本,提高招聘的成功率。通过这种高效的招聘方法,企业能够迅速找到符合岗位需求的人才,满足企业发展的需要。

行业展会提供了一个展示企业文化和价值观的平台,这对于吸引与企业文化相契合的人才尤为重要。企业文化是企业核心竞争力的重要组成部分,能够影响员工的归属感和工作积极性。在展会上,企业可以通过展示其愿景、使命和核心价值观,吸引那些认同企业文化的候选人。这种契合度不仅能够提高员工的工作满意度和忠诚度,还能降低员工流失率,增强企业的稳定性。

二、线上与线下招聘策略的整合

(一) 数字化招聘工具的应用

随着技术的不断进步,企业能够通过自动化工具筛选简历,大幅度提高招聘效率。自动化工具能够快速识别出符合岗位要求的候选人,减少了人为筛选的时间和可能的偏差。这种工具的应用不仅提升了招聘过程的速度,还提高了招聘决策的精准性,使交通企业能够迅速找到合适的人才,适应快速变化的市场需求。

在线面试平台的使用为交通企业带来了巨大的便利。通过这种方式,企业能够显著节省时间和成本,同时突破地域限制,吸引更广泛的候选人群体。在全球化的背景下,交通企业需要具备吸引多元化人才的能力,而在线面试平台正是实现这一目标的重要手段。这种数字化的面试方式不仅提高了招聘的灵活性,还增强了企业在国际人才市场中的竞争力。

数据分析工具的引入,为交通企业提供了评估招聘渠道效果的有力工具。通过对招聘数据的深入分析,企业能够识别出最有效的招聘渠道,从而优化招聘策略,提高招聘成功率。这种数据驱动的决策方式,帮助企业在招聘过程中更加理性和高效,确保人力资源的投入能够最大化地转化为企业的竞争优势。

数字化招聘工具还提供了实时沟通的功能,极大地增强了企业与候选人之间的互动。这种即时沟通不仅提高了候选人的体验和满意度,还使企业能够及时回应候选人的疑问和需求,提升了企业的品牌形象。在激烈的人才竞争中,良好的候选人体验是吸引优秀人才的重要因素。

(二) 线下招聘活动的组织

通过精心组织线下招聘活动,企业能够更直接地接触到潜在候选人,并传达企业的核心价值观和文化。明确的招聘目标是成功组织线下招聘活动的第一步。交通企业需要根据具体的岗位需求和技能要求,精准地锁定目标候选人群体。这不仅能够提高招聘效率,还能吸引到符合企业发展需求的人才。

合适的招聘地点也是线下招聘活动成功的关键因素之一。高校、行业展会或社区中心等地点通常是理想的招聘地点,因为这些地方能够提供较高的曝光率。通过在这些地点开展招聘活动,企业可以接触到更多潜在的候选人,从而扩大人才库的范围。此外,选择合适的地点也能提升企业的品牌形象和社会影响力。

为了吸引更多优秀的候选人,交通企业需要设计有吸引力的招聘宣传材料。这些材料应涵盖企业文化、职业发展机会和员工福利等信息,以激发候选人的兴趣和认同感。通过详细展示企业的优势和发展前景,招聘活动能够有效地增强候选人对企业的向往,进而提高招聘活动的成功率。

在招聘活动中,现场互动环节是增强候选人与企业之间互动的有效手段。技能测试和问答环节不仅能够帮助企业更好地评估候选人的能力和素质,还能使候选人对企业有更深入的了解。这种互动不仅能提高招聘效果,还能增强候选人对企业的好感和信任,为后续的招聘流程奠定良好的基础。

(三)混合招聘模式的实施

混合招聘模式通过整合线上与线下招聘的优势,不仅能提高招聘效率,还能扩大覆盖范围。线上招聘平台的便捷性和广泛性使企业能够迅速获取大量候选人信息;线下招聘提供了面对面交流的机会,使企业能够更深入地了解候选人的综合素质和潜力。通过这种方式,交通企业能够在短时间内吸引到更多的优秀人才,从而增强竞争力。

通过实时数据分析和反馈,交通企业可以不断优化招聘策略,确保招聘活动的灵活性和适应性。在招聘过程中,通过收集和分析候选人的数据,如简历投递情况、面试反馈等,能够帮助企业及时调整招聘策略,以应对市场变化和企业需求。这种数据驱动的招聘方式,使企业能够更精准地识别和吸引符合企业文化和岗位要求的人才,提高招聘的成功率。

利用线上平台进行初步筛选,线下活动进行深入面试,这种混合招聘模式有效提升了候选人与企业的匹配度。线上平台通过智能筛选工具,可以快速过滤不符合基本要求的申请者,节省了人力资源工作者大量的时间和精力。随后,企业可以在线下活动中,通过面对面的交流和专业的面试技巧,进一步评估候选人的能力和适应性,确保最终录用的员工能够为企业带来实际价值。

整合多种招聘策略有利于满足交通企业多样化的人力资源需求。交通行业的岗位需求多样,从技术研发到市场营销,各类岗位对人才的要求各不相同。通过同时运用社交媒体招聘、职业网站、校园招聘会等渠道,企业能够接触到更多类型的候选人,确保各类岗位都能找到合适的人才。这种多渠道的招聘策略可以使企业在人才市场中占据有利地位。

三、内外部招聘资源的有效利用

(一) 内部推荐机制的优化

1. 制定明确的推荐流程和标准

明确的流程有助于员工更好地理解岗位的具体需求和所需技能,确保推荐的候选人符合企业的用人标准。这种清晰的指引不仅提高了推荐的准确性,也减少了招聘过程中因信息不对称而导致的资源浪费。为了达到最佳效果,交通企业应持续更新和完善推荐标准,以适应不断变化的市场需求。

2. 定期举办内部推荐宣传活动

交通企业可以通过公司内部通信软件、员工会议或在线平台举办宣传活动,提高员工对推荐机制的认识和参与度。这种宣传不仅能增强企业文化的凝聚力,还能鼓励员工积极参与企业的发展。通过宣传活动,员工能够更好地理解推荐机制的价值,进而更愿意在招聘过程中贡献自己的力量。

3. 对推荐成功的员工进行表彰和宣传

通过表彰,交通企业不仅认可了员工的贡献,还能在公司内部树立良好的榜样,激励更多员工参与推荐。表彰形式可以是公开的颁奖仪式、公司新闻报道或在公司内部网站上展示推荐成功案例等,这些措施都能有效提升员工的参与热情。

(二) 外部招聘机构的选择

1. 考虑外部招聘机构的专业性和行业经验

交通行业的复杂性和多样性要求招聘机构不仅要具备丰富的招聘经验,还需要深入理解交通企业的特定需求和挑战。在评估外部招聘机构时,企业应关注其在交通领域的成功案例和行业声誉,以确保其能够提供量身定制的招聘解决方案。通过对机构的历史表现和客户反馈进行分析,企业可以更好地判断其专业能力,从而做出明智的选择。

2. 考虑外部招聘机构的网络资源和人才库

交通企业通常需要具备特定技能的人才,而这些人才在市场上可能较为稀缺。交通企业选择具备广泛网络资源的招聘机构,可以极大地提高企业获取所需人才的能力。这些机构通过多年的行业积累,建立了庞大的人才数据库,能够快速响应企业的招聘需求。企业应重视与机构的深度合作,确保其资源能够被充分利用,以满足企业的长远发展目标。

3. 定期评估外部招聘机构的表现

交通企业应通过反馈和数据分析,持续监控招聘机构的表现。这包括对招聘周期、人才匹配度和入职后表现等的全面评估。通过对这些数据的分析,企业可以识别出合作中的不足之处,并与招聘机构共同制定改进措施。这种持续的评估和反馈机制不仅能提升招聘质量,还能增强双方的合作关系,为企业的人才战略提供有力支持。

第三节　招聘流程与面试技巧

一、交通企业招聘流程的设计原则

(一)招聘目标与岗位需求的明确

招聘目标的明确不仅能帮助企业清晰定义其所需的人才类型,还能确保招聘活动的有效性和针对性。岗位需求的明确，尤其是核心职责和工作内容的清晰传达，是吸引合适候选人的关键。通过详细描述岗位的核心职责，企业能够向潜在候选人传达明确的信息，使其了解所应聘职位的具体要求和期望。这样，候选人可以根据自身的技能和经验，判断是否与岗位相匹配，从而提高招聘的效率和成功率。

交通企业的岗位往往需要工作人员具备特定的技术能力，因此在招聘过程中必须确保候选人具备相应的专业技能和资格。通过对岗位所需技能的详细分析，企业能够在招聘广告和面试环节中明确这些要求，从而吸引具备相应能力的候选人。设定招聘的绩效指标和评估标准也是关键步骤，这些指标和标准为面试官在筛选过程中提供了客观依据，确保其选拔出符合企业需求的人才。

交通企业在招聘时，不仅需要关注候选人的技能和经验，还需要考虑其是否能够融入企业的文化氛围。团队文化和价值观的契合度直接影响新员工的工作积极性和长期发展。因此，在招聘过程中，面试官应通过行为面试技巧等方式，评估候选人是否认同企业的核心价值观，确保其能够在未来的工作中积极推动企业目标的实现。

(二) 标准化与灵活性相结合的流程设计

招聘流程的设计需要在标准化与灵活性之间找到平衡。标准化流程能够确保招聘工作的系统性和一致性，使每位候选人都能在相似的条件下接受评估。然而，交通企业的招聘流程不仅需要标准化，还要具备灵活性，以适应岗位的多样性和市场动态变化。

在招聘流程中，设定标准化的评估指标十分重要。这些指标为面试官提供了量化评估候选人的工具，使面试评估更具客观性和可比性。对于交通企业而言，标准化的评估指标不仅包括对专业技能的考查，还包括对候选人的沟通能力、团队协作能力和解决问题能力等软技能的评估。通过标准化的评估，企业能够有效地识别出符合岗位要求的候选人，降低招聘风险。然而，标准化并不意味着招聘流程的僵化，仍需要保留一定的灵活性，以应对不同岗位的特殊性。

招聘流程设计应具备一定的灵活性,以便根据不同岗位的特殊性和市场变化调整招聘策略。交通企业的岗位种类繁多,且各类岗位对候选人的要求各不相同。因此,招聘流程需要在标准化的基础上,允许根据具体情况进行灵活调整。例如,对于技术性岗位,可能需要增加技术测试环节,而对于管理性岗位,则可能需要更多关注候选人的领导能力和决策能力。这样的灵活性设计能够提高招聘的针对性和有效性。

多层次的面试环节是招聘流程中的重要组成部分,它有助于在标准化的基础上,通过灵活的沟通方式深入了解候选人的个性和文化适应性。交通企业的招聘流程可以包括初步筛选、专业面试和终面等环节。在初步筛选中,主要通过电话或视频面试了解候选人的基本情况和职业意向;在专业面试中,重点考查候选人的专业技能和经验;在终面中,更多关注候选人的综合素质和文化适配性。通过多层次的面试,企业能够更加全面地评估候选人。

(三)高效沟通与反馈机制的建立

为了确保招聘团队与各部门之间的信息共享与协作,应建立定期的沟通会议机制。这一机制不仅能够及时传递招聘需求和进展,还能使各部门在人员需求和岗位要求上达成一致,从而有效调整招聘策略和目标,确保招聘工作的高效推进。通过定期会议,招聘团队可以获取各部门的最新动态,进而制订更加精准的招聘计划,避免资源浪费和时间延误。

在面试后,实施反馈制度有助于提高招聘决策质量。面试官在面试结束后需要及时记录应聘者的表现,并将这些反馈信息进行汇总。这种制度不仅有助于招聘团队在后续决策中进行全面的评估,也为应聘者提供了一个公平公正的评价体系。通过系统化的反馈记录,企业能够更好地识别出符合企业文化和岗位要求的应聘者,从而提高招聘的成功率和新员工的适应性。

利用在线反馈工具收集应聘者对招聘流程和面试体验的意见,能够有效优化招聘流程,提升应聘者满意度。候选人的反馈可以为企业提供宝贵的改进建议,帮助企业总结招聘流程中的不足之处。通过分析这些反馈,企业能够持续优化招聘流程,改善应聘者的面试体验,进而提升企业的雇主形象。这种双向沟通不仅能增强应聘者与企业之间的互动,还能为企业吸引更多优秀人才。

设立招聘效果评估机制有助于交通企业优化招聘流程。通过定期分析招聘周期、候选人质量和新员工留任率等指标,企业可以对招聘策略进行科学的调整。这些指标为企业提供了量化的参考依据,使招聘团队能够更精准地识别招聘流程中的瓶颈和优势,进而优化招聘策略,确保企业的人才供应链稳定而高效。

二、初审阶段的简历筛选标准

(一)岗位职责与技能匹配

在筛选简历时,应仔细评估候选人是否具备岗位所需要的专业技术能力和行业经验。交通行业的技术发展迅速,因此从业者应具备不断更新的技术能力和行业知识。另外,技能匹配的评估过程应严格,以确保招聘的候选人能够胜任工作,并在企业工作中实现自身的价值。

交通企业的工作环境通常需要良好的团队合作、沟通能力和问题解决能力。因此,在简历筛选阶段,应关注候选人是否具备这些与岗位相关的软技能。通过对候选人过往经历的分析,可以判断其在团队环境中的表现和适应能力。这些软技能不仅影响个人的工作效率,也影响团队的整体绩效。

候选人的职业发展潜力是简历筛选的重要内容。候选人具备学习新技能和适应变化的能力,可以为企业的长远发展提供保障。在快速变化的交通行业,拥有学习能力和适应能力的员工更能应对未来的挑战,为企业的持续发展贡献力量。因此,在招聘过程中,应通过对应聘者职业规划和学习经历的分析,判断其是否具备这样的潜力。

(二)学历与专业背景审核

交通行业具有独特的技术要求和专业标准,因此,应聘者的学历必须严格符合岗位的基本要求,以确保其具备必要的专业基础知识。学历审核不仅是对应聘者教育背景的确认,也是对其学习能力和知识掌握程度的初步评估。通过对学历的严格把关,企业能够有效过滤掉不具备基本专业素养的应聘者,为后续招聘环节的高效进行奠定基础。

审核应聘者的专业背景是确保其在相关领域拥有足够学习和实践经验的重要步骤。交通行业的岗位通常要求应聘者具备特定的专业知识和技能,因此,专业背景的审核不仅要关注其所学专业的名称,还要深入了解其在学习过程中所涉及的具体领域和实践环节。通过对专业背景的详细审核,企业能够判断应聘者是否具备适应岗位要求的能力,从而提高招聘的精准度和有效性。

评估候选人是否拥有行业认可的资格认证,也是学历与专业背景审核的重要方面。资格认证不仅是对候选人专业能力的认可,也是其在行业中获得信任和尊重的标志。通过审核这些认证,企业可以增强对候选人专业能力的信心,确保其能够在实际工作中胜任岗位职责。这个过程不仅提升了招聘的专业性,也为企业的长远发展储备了高质量的人才资源。

考虑应聘者所学课程的相关性,确保其知识结构与岗位需求相匹配,是提高招聘质量的又一重要措施。交通行业的技术更新速度快,这要求从业人员具备前沿的知识和技能。因此,在学历与专业背景审核中,企业需要详细分析应聘者所学课程的内容和深度,以判断其是否能够快速适应岗位的变化和发展。这个过程不仅提高了招聘的成功率,也为企业的创新和竞争力提升提供了有力的人才支持。

(三)工作经历与行业相关性

候选人的工作经历应与交通行业的具体岗位需求相匹配,以确保其具备相关的实践经验。这种匹配不仅能够提高招聘效率,还能降低新员工的培训成本。通过筛选具有相关行业背景的候选人,企业能够更快地与应聘者一起融入现有的工作流程中,从而提高整体的生产力和竞争力。

评估候选人在交通企业或相关行业的工作经历,是判断其对行业运作的理解和适应能力的关键。交通行业的特殊性决定了其对从业人员的专业素养和适应能力有较高的要求。通过对候选人过往工作经历的分析，招聘人员可以初步判断其是否具备在复杂且不断变化的交通行业中工作的能力。这不仅包括技术层面的适应，还包括对行业规章制度、市场动态等方面的理解。

在筛选简历时，考虑候选人过去所担任的职位与申请岗位工作内容的相似性，确保其具备必要的技能和知识背景，有利于提高招聘成功率。交通行业的岗位通常需要特定的专业技能和行业知识，候选人过去的职位和职责范围能够提供重要的参考。通过对职位相似性的分析，企业可以更准确地预测候选人在新岗位上的表现，降低用人风险。

分析候选人在以往工作中处理交通相关问题的能力，有助于评估其解决实际问题的经验。交通行业的工作环境常常充满挑战，员工需要具备快速反应和解决问题的能力。通过了解候选人过去在类似情境中的表现，招聘人员可以更好地判断其在压力环境下的表现能力和创新思维。

三、构建高效的笔试与技能测试体系

(一) 笔试题目的设计原则

1. 岗位相关原则

笔试题目应与岗位职责紧密相关，确保其考查候选人对具体工作内容的理解和适应能力。通过设计与岗位内容直接相关的问题，企业可以更准确地评估候选人的专业知识水平和实际操作能力，确保其能够胜任未来的工作任务。

2. 难度适中原则

题目难度应适中，既要让候选人有一定压力，又不应过于复杂，以避免优秀人才的流失。适中的难度不仅可以激发候选人的潜力，还可以使企业更好地识别出具备创新思维和解决问题能力的优秀人才。合理的难度设置能够有效地筛选出真正符合企业需求的候选人。

3. 设计公平原则

题目设计应确保公平性,避免任何形式的偏见或歧视,以维护招聘过程的公正性和透明度。在设计笔试题目时,必须考虑不同背景候选人的多样性,确保所有人都有平等的机会展示自己的能力。通过建立透明的评估标准,企业能够在招聘过程中树立良好的形象,吸引更多优秀人才的加入。

(二)技能测试的多样性与针对性

在招聘流程中,技能测试设计的多样性与针对性直接影响招聘的有效性。交通企业在进行技能测试设计时,需要充分考虑具体岗位的职责和要求,确保测试内容能够真实反映应聘者的岗位适应能力。通过针对不同岗位设计不同的技能测试题,交通企业可以更准确地评估候选人的专业技能和实际操作能力,从而提高招聘的精准度和效率。

为了更好地评估候选人在实际工作环境中的表现,技能测试应引入团队协作环节。这不仅能考查候选人的个人能力,还能观察其在团队中的沟通与协作水平。交通企业的工作通常需要密切的团队合作,因此,团队协作能力的考查显得尤为重要。通过模拟真实工作场景,测试候选人与他人合作解决问题的能力,能够有效筛选出具备团队精神的优秀人才。

技能测试的题库也需要定期评估和更新,以确保其内容与行业的发展和技术的进步保持同步。交通行业的技术更新速度较快,只有不断更新测试题库,才能确保测试的时效性和相关性。这个过程不仅需要专业人员的参与,还需要对行业趋势的敏锐洞察。通过不断更新题库,企业可以确保技能测试始终处于行业的前沿,从而选拔出具有最新技能的候选人。

(三)评价标准及评分系统的建立

1. 建立明确的评价标准

每个岗位的技能和能力要求都需要具体的量化指标,这不仅有助于评估候选人的适应性和潜力,也为招聘决策提供了科学依据。在交通企业中,岗位的专业技能要求往往复杂多样,因此,量化指标的设定需要结合行业特性和岗位需求,确保其具备可操作性和准确性。通过对岗位要求的细化,企业能够在招聘过程中更精准地筛选出具备潜力的候选人,从而提高招聘效率和质量。

2. 设计多维度的评分系统

在交通企业中,员工不仅需要具备技术能力,还需要具备良好的沟通能力和团队合作精神。因此,评分系统应涵盖技术能力、沟通能力、团队合作等方面,以确保对候选人的综合素质进行全面评估。这种多维度的评估方法能够帮助企业更好地识别出适合组织文化和团队氛围的候选人,从而在员工招聘中实现人岗匹配,促进企业的长远发展。

3. 实施分级评分机制

分级评分机制能够确保评价结果的合理性和公平性。在交通企业中,不同岗位对技能的要求差异明显,分级评分机制能够帮助企业在招聘过程中更好地权衡各项技能的重要性,确保招聘结果符合企业的战略需求。通过合理的权重设定,企业能够在招聘中实现资源的最优配置,进一步提高人力资源的使用效率。

4. 定期对评分标准和评价系统进行回顾和更新

交通行业的发展日新月异,企业的岗位需求也在不断变化。定期更新评分标准和评价系统,能够保证时效性和有效性,确保企业在招聘中始终保持竞争优势。通过对行业动态和企业战略的持续关注,企业能够在招聘中及时调整策略,吸引和留住优秀的人才。

四、结构化与非结构化面试的融合策略

(一)结构化面试的设计与应用

在交通企业的人力资源管理中,结构化面试的设计应制定标准化的问题集,

确保所有候选人在相同的条件下接受评估。这种方法不仅提升了面试的公正性和一致性,还为企业提供了更为客观的候选人比较基础。通过设定明确的评估标准,面试官能够在面试过程中更为系统地获取候选人的信息,从而有效减少主观偏见的影响,确保招聘决策的科学性和合理性。

在结构化面试中,面试官不仅需要提出问题,还需要根据候选人的回答进行量化评分。采用评分表格来记录候选人的表现,为后续的比较与分析提供翔实的数据支持。这种量化的评分机制有助于面试官在面试后进行客观的候选人比较,避免因面试官个人偏好而导致评估偏差。此外,评分表格的使用还可以为企业的人才库建设提供有价值的数据积累,为未来的人力资源规划提供参考。

结构化面试的有效性可以通过结合行为面试法来增强。行为面试法通过询问候选人过去的具体经历和行为,帮助面试官预测其未来的工作表现。这一方法强调候选人在过去类似情境中的实际表现,从而为交通企业提供更为可靠的用人依据。通过这种方式,企业不仅能够评估候选人的专业技能和知识水平,还能够深入了解其在实际工作中的表现潜力和适应能力,为企业选拔出更具发展潜力的人才。

为了全面评估候选人的综合能力,在结构化面试过程中应设置情景模拟环节。通过模拟交通企业实际工作环境中的特定情景,面试官可以评估候选人在应对能力和决策能力方面的表现。情景模拟不仅考查候选人的专业知识和技能,还能揭示其在压力环境下的反应速度和解决问题的能力。这一环节的设置确保了候选人能够适应交通企业的实际工作环境,从而为企业选拔出真正符合需求的人才。

(二)非结构化面试的灵活运用

非结构化面试允许面试官根据候选人的回答灵活调整问题,以深入探讨候选人的思维方式和个性特征。通过这种方法,面试官能够在对话中捕捉到候选人不易在传统结构化面试中显露的特质。这种灵活性不仅能够使面试官更全面地了解候选人的潜在能力,还能使面试过程更具个性化和针对性,从而提升人才选拔的精准度。

非结构化面试通过开放式问题促使候选人自由表达,从而揭示其真实的职业动机和价值观。在交通企业的招聘中,了解候选人的内在动机和价值观对于判断其与企业文化的契合度至关重要。开放式问题能够鼓励候选人分享其职业愿景和个人目标,使面试官能够更好地评估其长期发展潜力和忠诚度。这种深入的交流不仅能够帮助企业选拔出更适合的员工,还能为候选人提供一个展示自我的平台。

非结构化面试有助于评估候选人在压力下的反应能力和适应性,模拟真实工作环境中的应对情境。在交通行业,员工常常面临突发事件和高压情境,因此,考查候选人处理压力的能力显得尤为重要。通过设定情境问题,面试官可以观察候选人在面对挑战时的表现和决策过程。这种评估方法不仅能预测候选人在实际工作中的表现,还能帮助企业识别出具备抗压能力和灵活应变素质的人才。

非结构化面试形式能够促进面试官与候选人之间的互动,增强候选人的参与感和舒适度,从而提高面试的整体效果。在非结构化面试中,面试官与候选人之间的互动更为自然和开放,候选人能够在一个较为轻松的环境中展示自己。这种互动式的交流不仅能缓解候选人的紧张情绪,还能使面试官更准确地评估其沟通能力和团队合作潜力。通过这种方式,交通企业能够更有效地甄选出与企业需求和文化相符的高潜力人才。

第三章 交通企业人力资源培训与发展体系构建

第一节 培训内容与方式创新

一、培训内容的个性化定制

(一)多样化学习模块设计与应用

交通企业要设计基于在线学习平台的模块化课程,允许员工根据个人需求灵活选择学习内容和进度。这种模式不仅能提高员工学习的自主性,还能更好地适应他们的学习节奏和偏好。在线学习平台的应用使课程设计更加灵活,员工可以根据自己的时间安排和职业发展目标选择适合的学习模块,从而实现个性化学习。这种灵活性在快节奏的交通行业中尤为重要,因为员工需要不断更新知识和技能以应对行业的快速变化。

交通企业要结合实际工作场景,开发情景模拟模块,使员工能够在安全的环境中模拟练习应对突发事件,从而提升解决复杂问题的能力。这种培训方式通过模拟真实的工作情境,帮助员工在面对实际挑战时具备更强的应变能力。情景模拟不仅能提高员工的实践能力,还能在一定程度上减少因缺乏经验而导致的错误。在交通行业中,突发事件和复杂问题时有发生,情景模拟模块的应用能够有效提高员工的危机处理能力和决策水平,进而提高整个企业的运营效率和安全性。

交通企业要设置跨部门合作学习模块,鼓励不同岗位的员工共同参与项目,以提升团队的协作和跨职能沟通能力。这种模块的设计旨在打破部门间的壁垒,促进员工之间的交流与合作。通过跨部门的学习和项目合作,员工不仅能够拓宽视野,了解其他部门的运作方式,还能提高自身的沟通和协作能力。在交通企业中,跨职能的沟通和协作是提高整体效率和服务质量的关键。通过跨部门合作学习模块的实施,企业可以培养出更具团队精神和协作能力的员工队伍。

交通企业要定期评估和更新学习模块,根据员工反馈和行业动态调整内容,确保培训的相关性和适应性。培训内容的及时更新和调整是保证其有效性的关键。在交通行业快速发展的背景下,新的技术和管理理念不断涌现,企业必须保持培训内容的前瞻性和实用性。通过定期评估,企业可以及时获取员工的反馈,并根据这些反馈对培训内容进行优化。同时,跟踪行业动态,确保培训内容与时俱进,使员工能够掌握最新的行业知识和技能,从而保持企业在市场中的竞争力。

(二)基于个体需求的培训规划

在交通企业中,基于个体需求的培训规划是提升员工技能和促进职业发展的关键策略。每位员工在职业生涯中都处于不同的发展阶段。通过分析员工的职业发展阶段,企业可以为其量身制订培训计划,确保员工在不同阶段获得所需的技能和知识。这种方法不仅提升了员工的专业能力,也增强了企业整体的竞争力。

结合员工的个人兴趣和职业目标,交通企业可以提供多样化的培训选项。员工在选择培训内容时,可以根据自己的兴趣和职业规划,自主选择最符合自身需求的学习内容。这种个性化的培训选择不仅激发了员工的学习热情,也使培训更具针对性和实效性。通过这种方式,员工能够在职业发展中不断提升自身价值,同时企业也能更好地满足员工的成长需求。

为了确保培训的精准性和有效性,交通企业应建立员工技能评估机制。定期检查员工的技能水平,有助于及时调整培训方案,确保培训内容与员工的发展需求相匹配。通过这种机制,企业可以动态调整培训计划,确保员工始终处于职业发展的最佳状态。这种持续的评估和调整不仅提升了培训的效果,也促进了员工的职业发展。

数据分析工具有助于实现个性化培训。通过跟踪员工的学习进度和培训效果，企业可以为员工制订个性化的培训计划。这种基于数据的培训规划不仅提高了员工的学习效率，也激发了其职业发展潜力。数据分析工具的应用，使企业能够在培训过程中更好地了解员工的需求，从而提供更加精准的培训支持。

交通企业鼓励员工参与自我评估和反馈，从而进一步促进其职业发展。通过自我评估，员工能够主动调整学习目标和培训方向，以实现更好的职业适应性和发展。企业可以通过建立良好的反馈机制，鼓励员工积极参与培训过程中的自我反思和调整。这种主动的学习态度不仅有助于员工自身的发展，也有利于企业的持续成长。

二、技能培训与实际应用结合

（一）实践导向课程设计

交通企业设计以实际工作任务为基础的培训课程，不仅能够帮助员工更好地掌握理论知识，还能确保他们在学习过程中直接将所学技能应用于日常工作中。这种方法能够有效地缩短员工从学习到实际应用的时间，提高工作效率和产出质量。通过模拟真实工作场景，员工可以在安全的环境中进行尝试，从而积累宝贵的经验。这种设计理念强调学习与工作的无缝衔接，使员工在培训结束后能够迅速适应工作岗位的需求。

在实践导向课程设计中，交通企业应引入项目驱动学习，让员工在团队中合作完成具体项目，不仅能够提升其解决问题的能力，还能增强其团队协作精神。这种方式鼓励员工在实践中学习，通过面对实际问题，培养其分析、判断和决策能力。同时，项目驱动学习能够激发员工的创新思维和创造力，因为他们需要在有限的资源和时间内提出切实可行的解决方案。这种方法不仅提高了员工的专业技能，也增强了他们的责任感和归属感。

在实践导向课程设计中,交通企业应开展结合行业最新技术和工具的培训。交通行业技术更新速度快,员工需要不断学习新技术以保持竞争力。通过提供实践操作机会,员工能够在培训中熟悉并掌握前沿技术的应用。这不仅有助于提高员工的技术水平,还有利于提升企业的整体竞争力。通过引入最新的行业技术,员工可以在模拟的工作环境中进行操作,体验新技术的优势和局限,从而为企业的技术创新提供支持。

(二)实操模拟与场景化设计

通过设计多种场景模拟,交通企业员工可以了解在实际工作中可能遇到的各种紧急情况。这种方法不仅提升了员工的应对能力,还丰富了他们的实战经验。在模拟过程中,员工能够在一个安全的环境中面对真实的挑战,从而更好地准备应对未来的实际工作。

角色扮演和团队合作是提升员工在复杂任务中协作能力和沟通技巧的重要方法。在模拟场景中,员工需要扮演不同的角色,体验团队中的各种角色定位和职责分配。通过这种方法,企业不仅能够提高员工的个人技能,还能提高团队凝聚力和整体效率。这种方法在交通企业的培训中被广泛应用,尤其是在需要跨部门合作的项目中。

交通企业需结合实际工作流程,创建基于任务的实操训练,使员工能够在真实环境中应用所学技能。这种训练方法强调任务导向,即员工在培训中不仅要学习理论知识,还要通过实际操作将这些知识用于具体任务中。这种理论与实践结合的培训方式能够帮助员工更好地理解工作流程,提高工作效率。在交通企业中,基于任务的实操训练已被证明能够有效提升员工的综合能力,尤其是在新技术和新设备的应用中,能够加速技能转化过程。

交通企业需利用虚拟现实技术进行沉浸式培训,让员工在模拟环境中体验和解决问题,提高学习效果。虚拟现实技术的引入,为交通企业的培训带来了全新的可能性。通过沉浸式的体验,员工能够在一个完全可控的虚拟环境中进行操作,体验各种工作场景。这种培训方式不仅提高了员工的学习兴趣,还显著提高了培训效果。虚拟现实技术的应用,使复杂的工作流程和设备操作变得更加直观和易于掌握,尤其在高危行业中,这种技术的应用能够有效降低培训风险。

交通企业需定期组织实操演练,评估员工在模拟场景中的表现,以便及时调整培训内容和方法。通过定期的实操演练,企业能够及时发现员工在技能掌握上的不足,并根据评估结果调整培训策略。这种动态调整的培训方式确保了培训的针对性和有效性。通过不断的反馈和改进,交通企业能够保持员工技能的持续提升,适应快速变化的行业需求。这种评估与调整相结合的培训模式为企业培养高素质的员工队伍提供了有力保障。

(三)导师制与技能传递的实践结合

通过建立导师制度,交通企业能够充分发挥经验丰富的员工指导新员工的作用,从而促进技能传递与知识共享。这种制度不仅能够帮助新员工快速适应工作环境,还能提高整个团队的综合素质。导师制度的核心在于通过经验的传递,缩短新员工的学习曲线,使其能够更快地胜任岗位要求。这种经验传递不仅包括技术技能的教授,还包括企业文化、工作方法等软技能的分享。实现经验传递的方式有以下几种。

1. 定期组织导师与员工的交流会议

交流会议提供了一个反馈与调整的平台,导师可以根据员工的表现和反馈,及时调整培训内容和方法,增强培训的针对性与有效性。这种互动不仅能使导师了解员工的学习需求,还能帮助员工更好地理解和掌握所学技能。通过这样的机制,培训不再是单向的知识灌输,而是双向的互动学习过程,有助于提高员工的学习积极性和参与度。

2. 利用导师的实际操作经验设计针对性的培训项目

在真实工作环境中,员工能够更直观地理解所学知识的应用场景,从而提高学习的实效性。这种与实践结合的培训方式,使员工在学习过程中不仅能掌握理论知识,还能通过实际操作积累经验,提高解决实际问题的能力。这种模式不仅提高了员工的技能水平,也增强了他们对工作的信心和责任感。

3. 实施导师评估机制

通过定期评估导师的指导效果,交通企业能够及时发现和解决培训中存在的问题,确保培训目标的实现。评估机制不仅关注员工的技能提升,也关注导师的指导能力和方法创新。这种双向评估机制,有助于导师不断改进指导方法,提高培训的整体质量。通过评估,企业可以识别出优秀的导师和员工,并给予相应的奖励,从而激励更多员工参与导师制。

4. 鼓励导师与员工之间的持续互动

通过一对一的指导和团队合作,员工能够在导师的指导下进行深度学习,拓宽知识面。这种持续互动的模式,不仅能够帮助员工在短时间内提高技能水平,还能促进团队成员之间的合作与沟通。通过团队合作,员工可以在不同的视角下理解和解决问题,提升团队的凝聚力和创新能力。这种互动模式不仅提升了个体的能力,也为企业培养了更多具备综合素质的人才。

三、线上线下混合培训模式

(一)灵活的线上学习平台与其功能优化

交通企业可以建立一个灵活的线上学习平台,使员工能够根据个人时间安排进行自主学习。这不仅提升了学习的灵活性和便利性,也有效地适应了现代员工多样化的工作节奏。通过这种方式,交通企业可以更好地满足员工的个性化学习需求,促进员工的职业发展和技能提升。

交通企业应注重线上学习平台的界面设计。设计良好的界面能够帮助员工快速找到所需的学习资源和课程,减少不必要的时间浪费,提高学习效率。通过简洁直观的导航和清晰的课程分类,员工可以更轻松地浏览和选择适合自己的学习内容,这有利于提升员工的学习积极性和参与度。

交通企业在线上平台中引入互动功能,如在线讨论区和实时问答等,能够有效促进员工之间的交流与合作。通过这些互动功能,员工可以在学习过程中分享经验、提出问题和解答疑惑,从而提高学习的参与感和互动性。这种互动不仅增强了员工之间的联系,也为企业创造了一个知识共享和共同成长的环境,有助于形成积极的企业文化。

交通企业整合多媒体学习资源,包括视频、音频和图文材料,可以显著丰富培训内容。利用多样化的学习资源,交通企业可以满足不同员工的学习偏好和需求,增强培训的吸引力和有效性。多媒体资源的运用不仅能够提高信息的传达效率,还能帮助员工更好地理解和掌握复杂的专业知识,提升整体的学习体验。

(二) 线下实践环节与工作场景的融合

线下实践环节与工作场景的融合,不仅能帮助员工将所学技能直接应用于日常工作,提高工作效率,还能确保培训内容的实用性和有效性。通过在培训中模拟真实工作环境,交通企业员工可以在实践中提升应对能力并积累实际操作经验,从而更好地适应岗位要求。这种方法不仅能让员工在面对复杂工作场景时更加自信,还能在不断变化的交通行业中保持竞争力。

现场实操演练是线下实践环节的核心之一。通过模拟真实工作环境,交通企业员工在培训中能够沉浸式体验工作场景,提高应对突发情况的能力和实际操作水平。这种演练还可以帮助员工在安全的环境中试错,积累经验,减少在实际工作中可能出现的失误。通过这种方式,员工不仅能够更好地掌握工作流程,还能在日常工作中更加游刃有余地应用所学技能。

交通企业在培训中引入团队合作项目,可以有效地提升员工的沟通能力和团队协作精神。通过在小组内协作完成任务,员工不仅能够锻炼自身的领导能力和协调能力,还能促进跨部门的协作与交流。这种合作项目不仅能促进员工之间的相互学习和经验分享,还能增强团队凝聚力和创造力。

第三章 交通企业人力资源培训与发展体系构建

交通企业要定期安排与工作场景结合的线下培训,确保员工在培训后能够将所学知识和技能有效应用于实际工作中,有利于提升其工作能力。通过这种线下培训,员工能够不断更新和巩固所学内容,确保技能的持续提升和应用。这种结合也为企业提供了一个评估员工培训效果的平台,使企业能够根据实际情况及时调整培训内容和方式,以满足不断变化的行业需求。

(三)线上线下资源的有效整合

通过建立统一的资源管理平台,交通企业能够将分散的线上线下培训资源整合起来,形成一个集中的信息库。这一平台不仅能提供员工所需的学习材料和课程信息,还能通过便捷的访问方式,提升员工参与培训的积极性和便利性。此外,平台的统一性有助于企业对培训资源进行系统化管理,减少重复建设和资源浪费,从而提高培训的整体效能。

制定灵活的培训日程是实现线上学习与线下实践有效结合的重要手段。交通企业应根据员工的个人需求和工作安排,提供多样化的学习选择。线上学习的灵活性允许员工在工作空闲时自主安排学习时间,而线下实践则为员工提供了将理论应用于实际操作的机会。这种灵活的培训模式不仅提高了员工的学习效率,也增强了培训的实际效果,使员工能够在最适合自己的节奏中获得专业技能的提升。

数据分析工具在监测员工学习进度和效果方面发挥着重要作用。通过对学习数据的分析,交通企业可以准确了解员工的学习状态和培训效果,从而及时调整资源分配和培训内容。这种基于数据的动态调整确保了培训的针对性和有效性,使每位员工都能获得最适合自身发展的学习资源和支持。此外,数据分析还可以帮助企业识别培训中的薄弱环节,为后续培训计划的优化提供科学依据。

在培训过程中,鼓励员工分享经验是促进学习效果的重要手段。通过社交学习平台,交通企业员工可以在学习过程中与同事分享心得,交流经验。这种互动不仅增进了员工间的协作,也激发了学习的主动性和创造性。线上线下的互动与协作有助于形成互助学习的氛围,使员工在共同进步中实现个人与企业的双赢。

四、互动式与体验式学习方法

(一) 团队合作训练与情景体验

团队合作训练旨在鼓励员工在小组内团结协作,提升其沟通技巧与团队凝聚力。在这些活动中,交通企业员工需要共同完成特定任务,彼此之间的沟通和合作成为成功的关键。这种训练不仅提高了员工的沟通能力,还增强了团队的凝聚力。通过在小组中担任不同岗位的角色,员工能够体验到不同岗位的工作内容和挑战,这有助于他们理解和支持其他部门的工作,从而促进企业内部的协作与和谐。

情景体验活动通过模拟真实工作环境,帮助交通企业员工提升在实际工作中应对复杂问题的能力。在模拟中,员工被置于逼真的业务场景中,如应对突发事件或解决跨部门的协调问题。这种训练不仅考验个人的专业技能,还强调团队协作的重要性。通过这种方式,员工能够在一个安全的环境中试错,积累经验,从而在实际工作中更有效地解决问题。

情景体验环节的设计应当多样化,涵盖不同的工作场景,以便帮助交通企业员工提高应变能力与决策水平。通过设置不同的情境,如危机管理、客户服务、项目合作等,员工可以在模拟的环境中练习并提高决策能力。这种多样化的情景设计使员工能够在面对不同的工作挑战时更加从容和自信。此外,这种训练还可以激发员工的创造力和创新思维,为企业的发展注入新的活力。

(二) 游戏化学习激发参与热情

游戏化学习作为一种创新的培训方式,能够有效激发交通企业员工的参与热情。通过引入积分、等级和奖励系统,员工在培训过程中不仅能感受到竞争的乐趣,还能获得即时的成就感和满足感。这种机制不仅提高了员工的学习动力,还使培训不再是一种被动的过程,而是一个充满挑战和乐趣的主动探索过程。员工在不断积累积分和获得奖励的过程中,逐渐养成积极学习的习惯,这有利于提高其职业素养和技能水平。

竞赛和挑战是游戏化学习的核心要素。通过这些元素,交通企业员工可以在团队中合作或竞争,从而提升团队的凝聚力和协作能力。团队成员在竞赛中通过交流和分享知识,能够更好地理解和掌握培训内容。竞赛和挑战也为员工提供了一个展示自我和学习的平台,激励他们不断超越自我,追求卓越。这样的学习方式不仅提升了员工的学习效果,还为企业创造了一个积极向上的学习氛围。

模拟真实工作场景是游戏化学习的一大特点,它能够帮助交通企业员工在模拟中应用所学知识,从而提升其技能掌握的实际效果。通过虚拟的工作环境,员工可以在没有风险的情况下进行尝试和操作,这不仅提高了他们的实践能力,还增强了他们在实际工作中的信心。此外,这种模拟训练还可以帮助员工更好地理解复杂的工作流程和技术要求,为他们在现实工作中应对各种挑战做好准备。

游戏化元素的引入,使培训内容更加生动有趣,极大地吸引了交通企业员工的注意力。相比传统的课堂教学,游戏化学习减少了学习过程中的枯燥感,使员工在轻松愉悦的氛围中获得知识。这种愉悦的学习体验能够有效缓解学习疲劳,提高学习效率。生动的培训内容也能激发员工的创造力和想象力,促使他们在工作中提出创新的解决方案。

第二节　员工职业发展规划

一、员工职业发展规划的个性化设计

(一)个人能力评估

个人能力评估的目的在于识别员工的技能和知识水平,从而为其制订个性

化的职业发展计划。通过深入了解员工的现有能力,交通企业可以更好地定位员工在组织中的角色,并为其提供更具针对性的支持和资源。能力评估不仅是对员工当前水平的检验,也是帮助员工明确职业目标的重要步骤。通过评估,员工能够清晰地认识到自身的优势和不足,从而在职业发展道路上做出更为理性的规划和选择。

为确保个人能力评估的有效性,交通企业应谨慎选择和使用评估工具。自我评估问卷、360度反馈和技能测试是常用的评估工具。自我评估问卷让员工从自身角度出发,认识个人的职业能力和发展方向;360度反馈则通过同事、上级和下属的多角度评价,提供员工在工作环境中的表现和影响力的综合反馈;技能测试则是通过具体的任务和问题,评估员工在专业技能上的掌握程度。这些工具的结合使用,能够提供全面而精准的能力评估结果。

能力评估应定期进行,以便跟踪员工的成长和变化,确保职业发展规划的及时调整。在快速变化的交通行业,员工的技能和知识需要不断更新,以适应新的挑战和机遇。定期的评估不仅帮助企业了解员工的进步情况,也为员工提供了一个反思和调整自身发展的机会。通过定期评估,企业能够及时发现员工在能力提升过程中的瓶颈,并提供相应的支持和资源,帮助员工实现职业目标。

评估结果应与员工的职业目标和岗位要求进行对比,识别出能力差距,为后续培训提供依据。通过对比分析,交通企业可以明确哪些技能和知识是员工当前所欠缺的,从而制订有针对性的培训计划。这种基于能力差距的培训设计,能够有效提升员工的职业能力,帮助员工更快地达到职业目标。能力评估结果也为员工提供了清晰的职业发展途径,使其在职业生涯中能够有的放矢地进行自我提升。

(二) 职业兴趣分析

职业兴趣分析可以帮助交通企业明确员工在工作中的动力源泉,从而为其职业发展提供更具针对性的指导。这种分析方法通过评估员工在不同职业领域的兴趣和倾向,揭示出他们内在的职业动机和驱动力。这不仅能帮助企业了解员工的职业偏好,还能为员工提供量身定制的发展建议,使其在职业生涯中更具方向感和目标性。

通过职业兴趣分析,交通企业能够更好地理解员工的职业倾向,从而优化岗位匹配,提高员工的工作满意度。职业兴趣分析提供的数据,使企业可以在员工招聘和岗位分配中做出更为明智的决策。通过将员工的兴趣与岗位需求进行匹配,企业不仅能提高员工的工作效率和积极性,还能在一定程度上降低员工流失率。这样的优化匹配策略,能够长期增强企业的整体绩效。

职业兴趣分析能够揭示员工在不同工作环境中的表现差异,为员工制订个性化的培训和发展计划提供依据。通过深入了解员工在特定环境下的表现,交通企业可以设计出更为有效的培训课程和发展计划,以满足员工的个性化需求。这种基于兴趣的分析方法使培训和发展计划更加精准,能够确保员工在适合的环境中发挥最大潜力,从而为企业创造更多价值。

利用职业兴趣分析,交通企业可以设计多样化的职业发展途径,满足不同员工的职业追求,提升其归属感。职业兴趣分析的结果,可以帮助企业识别出员工的不同职业目标和发展需求。基于此,企业能够提供多样化的职业发展机会和途径,鼓励员工在企业内部实现职业转型和晋升。这种多样化的发展途径不仅能满足员工的个人职业追求,还能增强其对企业的认同感和归属感。

(三)发展目标设定

交通企业帮助员工设定清晰的短期与长期职业发展目标,不仅能够为员工在职业生涯中提供明确的方向和动力,还能激发员工的内在潜力,推动企业整体绩效的提升。短期目标通常聚焦于具体的技能提升和岗位职责的强化,长期目标则涉及职业途径的拓展和领导力的发展。通过明确的目标设定,员工可以更好地规划职业生涯途径,增强职业发展的可预见性和可控性。

结合员工的个人能力评估结果,交通企业制定符合其技能提升需求的职业发展目标,确保目标的可实现性,是个性化职业发展规划的核心。每位员工在能力、兴趣和职业愿景上都有所不同,因此,目标的设定需要充分考虑这些个体差异。通过科学的能力评估工具,企业可以识别员工的优势和不足,从而制定出既具有挑战性又切实可行的职业发展目标。这种个性化的目标设定不仅能提升员工的工作满意度,还能有效促进其职业技能的提升。

鼓励员工参与目标设定过程,提升其对职业发展的主动性和责任感,是实现职业发展目标的重要策略。参与式的目标设定能够增强员工对目标的认同感,使他们在实现目标的过程中更加积极主动。员工的参与不仅体现在目标设定的初始阶段,还应贯穿目标的执行和调整过程中。通过这种方式,交通企业员工能够更好地理解目标的意义,并在实现目标的过程中不断自我激励,提升职业发展的内在驱动力。

定期回顾和调整发展目标是确保目标始终与实际情况相符的关键。员工的成长情况和公司的需求变化是动态的,因此,职业发展目标也需要进行相应的调整。这个过程不仅能够帮助员工及时识别自身的成长进展,还能为其提供必要的支持和指导。通过定期的目标回顾,交通企业可以确保员工的发展方向与公司战略保持一致,从而实现个人与组织的双赢。

二、员工职业发展规划的实施与跟踪

(一) 职业发展规划的实施过程

1. 制定明确的职业发展规划流程

交通企业需要确保每位员工都能清晰了解职业发展规划的各个阶段及所需的支持和资源。通过系统化的流程设计,员工可以在职业发展的每个阶段获得必要的指导,从而减少因信息不对称或资源不足导致的职业发展障碍。企业应在规划流程中,详细列出各阶段的目标、任务和支持措施,以便员工能够有条不紊地推进自己的职业发展。

2. 建立定期的职业发展评估机制

通过定期的反馈和评估,交通企业员工可以识别自身的成长空间,并了解职业目标的实现情况。这种评估机制不仅能帮助员工调整职业发展策略,也能为企业提供员工发展状态的整体视图,便于企业在宏观上进行人力资源的优化配置。评估应包括定量和定性两方面的指标,通过多维度的分析,确保评估结果的全面性和准确性。

3. 提供多样化的职业发展支持

职业咨询、培训课程和导师制度是常见的支持形式,能够满足员工在不同职业发展阶段的多样化需求。职业咨询可以帮助员工明确职业目标;培训课程为员工提供必要的学习机会;导师制度通过经验传授和职业指导,帮助员工更好地应对职业挑战。这些支持措施的结合,能够有效提升员工的职业素养和交通企业的整体竞争力。

4. 管理层的参与与支持

通过管理层领导的示范和鼓励,交通企业能够增强员工对职业发展规划的重视。管理层应积极参与职业发展规划活动,并在企业文化中强调职业发展的重要性,以此激励员工投入更多的精力和热情到职业发展中。同时,管理层的支持为职业发展规划的顺利实施提供了必要的资源和决策保障。

(二)个性化职业途径的动态跟踪

动态跟踪系统能够定期更新员工的职业发展状态与目标,这不仅反映了员工的技能水平和职业变化,还为交通企业的人才管理提供了数据支持。通过动态跟踪,企业可以及时了解员工在不同阶段的成长需求和职业期望,从而在管理决策中更好地匹配企业资源与员工发展。这样的系统需要结合信息技术,确保数据的实时性和准确性,以便为员工和管理层提供可靠的参考。

在个性化职业途径的管理中,应合理运用数据分析工具。这些工具能够监测员工在培训和项目中的表现,帮助管理层及时了解员工职业发展状况,以适应个人成长和企业需求的变化。通过对员工数据的深入分析,企业可以认识到员工的优势和不足,进而制订更具针对性的职业发展计划。此外,数据分析还可以预测员工的未来发展趋势,为员工的长期职业规划提供科学依据,确保职业途径的合理性和可持续性。

为了确保员工职业规划与实际工作情况保持一致,需要定期进行一对一的职业发展讨论。这种个性化的沟通方式不仅能收集员工的反馈和建议,还能让员工感受到企业对其职业发展的重视。通过这些讨论,管理者可以更好地了解员工的职业目标和现实挑战,从而在职业发展途径上提供更为精准的指导。同时,这也为员工提供了一个表达自己想法和需求的渠道,增强了员工的职业满意度和忠诚度。

(三)职业发展支持与资源调配系统

职业发展支持与资源调配系统的核心在于通过建立全面的职业发展支持系统,提供个性化的职业咨询服务,帮助员工认识到自身优势与发展需求。交通企业的员工往往面临快速变化的行业环境,专业的职业咨询服务不仅能够帮助员工明确职业目标,还能够增强其对企业的归属感和忠诚度。个性化的咨询服务可以通过一对一的职业指导,帮助员工制订切实可行的职业发展计划,确保其职业途径与企业发展战略相一致。

在职业发展支持系统的基础上,交通企业设立职业发展资源库能够有效提升员工自主学习能力。资源库的建立旨在汇集多样化的培训课程、学习材料和职业发展工具,供员工自主选择和使用。交通企业可以通过在线平台或内部网络,提供便捷的资源访问途径,使员工能够根据个人职业发展需求,自主安排学习进度。资源库的丰富性和多样性不仅满足了员工的学习需求,还推动了企业整体知识水平的提高,形成了良好的学习氛围。

为了确保职业发展规划的有效实施,定期的职业发展评估是不可或缺的一环。通过系统的评估机制,交通企业能够跟踪员工的进步与目标达成情况,及时调整支持措施。这种动态的评估过程不仅帮助员工了解自身的职业发展状态,还为企业提供了宝贵的人才发展数据,便于进行战略性的人力资源规划。评估结果可以作为调整职业发展计划的依据,确保员工的职业发展与企业目标保持一致。

跨部门的职业发展机会是交通企业提升员工综合能力的重要策略。通过鼓励员工参与不同项目和岗位的工作,企业能够拓宽员工的视野,并提升其职业技能。跨部门的职业发展实践不仅能帮助员工理解企业的整体运作,还能促进创新和协作精神的培养。在这种多元化的工作环境中,员工能够积累丰富的经验,为未来的职业发展奠定坚实的基础。

三、员工职业发展规划的调整与优化

(一)职业发展环境的动态适应

交通行业面临快速的市场变化和技术进步,这要求企业建立灵活的职业发展框架。通过这一框架,企业能够及时响应市场变化和战略调整,确保员工具备适应新机会和挑战的能力。灵活的职业发展框架不仅能促进员工的个人成长,也能增强企业的竞争力,使其在不断变化的市场中立于不败之地。

为确保职业发展规划的有效性,企业应定期进行职业发展环境评估。通过评估,交通企业可以分析出影响员工职业发展的外部因素,包括行业动态、技术进步和政策变化。这些因素可能对员工的职业发展产生重大影响,因此,企业需要及时调整发展策略,以便员工能够在新的环境中获得发展优势。评估工作的开展不仅能够为企业提供战略调整的依据,还能帮助员工更好地了解行业趋势,进而规划自己的职业发展。

加强与员工的沟通是实现职业发展规划与员工个人目标一致的关键。通过有效的沟通,交通企业可以深入了解员工的职业发展需求和期望,从而在制定职业发展计划时,考虑员工的个人目标。这种一致性不仅能够增强员工的参与感和满意度,还能激发他们的工作积极性和创造力。通过沟通,企业能够建立与员工之间的信任,使职业发展规划成为员工和企业共同的事业。

多样化的职业发展资源和培训机会,是支持员工在动态环境中不断提升技能的有效途径。交通企业应根据市场需求和岗位要求的变化,设计和提供灵活的培训项目,以帮助员工掌握新技能。通过多样化的培训,员工能够在职业生涯中获得持续的学习机会,这不仅能促进个人能力的提升,也能满足企业对高素质人才的需求。可以说,多样化的职业发展资源是企业保持竞争力的重要保障。

跨部门协作机制有利于促进信息共享和资源整合。通过这种机制,员工可以在不同部门之间灵活调动,拓展职业发展的广度和深度。跨部门协作不仅能够提升员工的综合能力和适应性,还能为企业培养出复合型人才。信息的共享和资源的整合使员工在职业发展过程中能够获得全面的支持,助力其在职业生涯中实现更高的成就。

(二)职业路径的灵活调整机制

交通行业的快速变化和技术进步要求企业能够为员工提供灵活的职业发展路径,以满足其个人发展需求和市场动态。建立灵活的职业路径调整机制,不仅有助于员工在职业生涯中保持主动性和适应性,还有利于增强企业的竞争力。通过这种机制,员工可以根据市场变化和个人兴趣,随时调整自己的职业目标和方向,确保个人发展与企业需求的高度契合。

为了有效实施职业路径的灵活调整机制,企业应定期与员工进行职业发展沟通。这种沟通应该成为一种持续的互动过程。通过与员工的深入交流,管理者可以更好地了解员工的职业兴趣和目标变化,从而在必要时及时调整其职业途径。这种动态的沟通机制不仅能够帮助企业更好地识别和培养人才,也能提升员工的满意度和忠诚度,形成双赢的局面。

企业应实施动态评估系统。通过对员工技能水平和工作表现的持续评估,企业可以灵活地调整员工的职业发展方向。这种动态评估不仅关注员工当前的绩效,还注重其潜力和发展空间。通过这种方式,企业能够实现人力资源的配置优化,使每位员工都能在最适合的位置上发挥出最大的价值。同时,这也为员工提供了更好的职业适应性,帮助他们在变幻莫测的市场环境中保持竞争力。

企业应提供跨部门的职业发展机会,以提升员工的职业发展和技能水平。

交通企业可以通过提供跨部门的职业发展机会,鼓励员工尝试不同岗位的工作。这种跨部门工作不仅可以丰富员工的工作经验,还可以提升其综合能力。通过跨部门工作,员工能够更好地理解企业的整体运作,从而提升职业发展的灵活性和多样性。这种机制不仅有助于个人职业发展,也有利于企业的长远发展。

企业利用数据分析工具监测市场需求和行业变化,是确保员工职业规划与企业战略保持一致的关键。交通企业可以通过数据分析工具,及时更新职业发展,以应对不断变化的市场需求。这种数据驱动的决策过程能够帮助企业在激烈的市场竞争中保持领先地位。员工也能通过这种机制,确保其职业发展始终与行业趋势和企业战略同步,从而实现个人与企业的共同成长。

四、个人职业规划与企业目标的协同

(一)个人职业规划与企业长远目标的契合

员工的职业规划不仅是个人成长的动态导航,也是企业战略目标实现的重要基础。通过将个人职业目标与企业的战略方向相结合,员工能够更好地理解和支持企业的长远发展,从而在实现自我价值的同时,为企业创造更大的价值。这种契合需要企业与员工共同努力,通过明确的沟通和协商,确保个人职业规划与企业目标的一致性。

在制定个人职业规划时,员工应充分考虑企业的核心价值观和文化。这不仅能够增强员工对企业的认同感和归属感,还能确保其职业发展与企业的整体发展方向相符。交通企业的核心价值往往强调安全、效率和创新,员工在职业规划中融入这些元素,可以更好地适应企业文化,提升工作满意度和忠诚度。企业也应积极引导员工将个人目标与组织目标相结合,形成共同发展的良性循环。

定期的职业发展评估是企业帮助员工识别个人目标与组织目标一致的重要手段。通过评估,企业可以了解员工的职业发展状况,并提供相应的支持和指导,帮助员工调整职业规划以更好地适应企业的发展需求。这种评估不仅能够促进员工的职业成长,还能推动企业的共同进步。评估结果可以作为员工职业发展的参考依据,帮助其明确发展方向,提升职业素养和技能。

(二)职业目标对企业战略的支持

在交通企业中,职业目标的设定不仅是员工个人发展的指引,也是推动企业整体战略发展的重要工具。员工的职业目标如果能够与企业的战略目标相一致,将有助于实现个人与企业的双赢。明确的职业目标不仅能够让员工提升自身的工作积极性,还能在实现个人价值的同时,为企业的整体绩效做出贡献。这种协同效应需要在职业规划初期就加以重视,以确保员工的职业目标与企业战略方向一致。

职业目标的设定应当与企业的战略目标紧密结合,确保员工在追求自身发展的过程中,能够有效地推动企业的整体进步。具体而言,企业需要通过科学的职业规划体系,帮助员工识别其职业目标与企业战略的契合点。通过这种方式,员工不仅能够明确其职业发展方向,还能够在实现个人目标的同时,助力企业战略的落实。这种双重目标的实现不仅提升了员工的个人成就感,也增强了交通企业的整体竞争力。

为了确保员工职业目标与组织战略的持续协同,企业需要定期评估两者之间的契合度,并根据评估结果及时调整发展策略。通过这种动态的评估与调整机制,交通企业能够在快速变化的市场环境中保持灵活性与适应性。定期的评估与反馈也有助于员工更好地理解企业的战略方向,从而在职业发展中做出更为适合的选择。这种持续的协同效应不仅有助于员工的职业成长,也有利于企业的长远发展。

第四章 交通企业人力资源绩效管理体系优化

第一节 交通企业绩效指标设计

一、交通企业绩效指标的构成

(一)绩效指标的类型及特征

绩效指标通常分为定量指标和定性指标两大类。定量指标,如运输量、准点率等,能够通过具体的数据来衡量企业的运营效率。这些指标的特征在于其客观性和易于比较性,使管理者能够清晰地看到企业在行业中的位置。定性指标包括员工满意度、客户反馈等,这些指标虽然不如定量指标直观,但能够反映出企业的文化氛围和客户关系。这种指标的特征在于其复杂性和多维度性,需要通过多种方法进行分析和评估。

绩效指标的可测性和可比性是其有效性的重要保障。可测性意味着指标必须能够通过数据收集和分析进行量化,这要求企业在设计指标时充分考虑数据的获取难度和准确性。可比性则要求这些指标能够在不同时间、不同部门,甚至不同企业之间进行比较,以便掌握企业运营中的优势和劣势。交通企业在设计绩效指标时,必须确保这些指标能够在实际操作中被有效地测量和比较,以便为企业提供持续改进的依据。

交通企业的绩效指标需要具备动态性与适应性,以应对不断变化的市场环境和技术进步。动态性要求指标能够随着企业战略目标的调整而进行相应的更新和优化。例如,在市场需求变化或政策调整时,企业需要重新审视和调整其绩效指标,以保持与外部环境的协调。适应性要求指标能够在不同的运营环境中保持其有效性,确保企业在面对不同的挑战和机遇时,能够灵活调整其管理策略。

绩效指标的全面性和系统性是交通企业绩效管理的核心要求。全面性要求指标能够覆盖企业运营的各个关键方面。系统性强调指标之间的相互联系和协同作用,以确保企业在进行绩效评估时能够获得一个整体的、连贯的视角。这种全面性和系统性不仅能够帮助企业识别出运营中的瓶颈和短板,还能够促进各个部门之间的协调与合作,从而提升整体的管理效率和竞争力。

(二)绩效指标与企业目标的关联

绩效指标应与企业的战略目标相一致,以确保人力资源管理的方向性和有效性。只有当绩效指标与企业的长远战略目标紧密结合时,才能真正发挥其在组织中的导向作用。通过这种关联,企业可以更好地将各项工作任务与整体战略统一起来,避免资源浪费和方向偏移。这种关联不仅体现在企业的宏观层面,也应渗透到微观的具体操作中,以确保每一位员工的工作都能为企业的长远发展做出贡献。

绩效指标能够反映企业在实现目标过程中的关键内容,助力管理层及时调整策略。通过对绩效数据的分析,管理层可以清晰地看到企业在战略执行过程中的优劣势,进而做出科学的决策调整。这种反馈机制不仅能够提高企业的应变能力,还能在激烈的市场竞争中保持优势地位。同时,准确的绩效指标能够为企业提供及时的预警信号,避免潜在问题的积累和扩大,从而为企业的稳定发展提供保障。

二、交通企业绩效指标设定的核心原则

(一)目标导向性与可操作性

绩效指标的目标导向性要求指标能够明确传达企业的战略目标和期望的成

果。这意味着每个指标不仅要清晰具体,还要与企业的长远发展目标保持一致。通过这种方式,员工能够理解自己的工作如何直接影响企业的整体绩效,并激励他们朝着既定的方向努力。同时,绩效指标的可操作性要求员工在日常工作中能够切实可行地达成目标。这需要将指标与实际工作流程紧密结合,使其成为员工日常工作的指南,帮助员工在具体的业务场景中实现目标。

绩效指标应具有明确性和具体性,确保每个指标能够清晰地传达预期的成果和行为标准。这种明确性不仅有助于员工理解自己的职责和工作重点,也为管理者提供了评估员工绩效的标准。通过设定具体的指标,管理者可以更有效地进行绩效评估和反馈,从而促进员工的职业发展和企业的整体进步。此外,明确的指标也有助于减少工作中的模糊性,降低因目标不清而导致的效率低下。

设定的绩效指标需要与实际工作流程相结合,确保员工能够在日常工作中切实可行地实现目标。这意味着在设计指标时,必须深入了解员工的工作流程和工作环境,以确保指标的实际可操作性。通过这种方式,企业可以确保员工在完成日常任务的同时,能够实现绩效目标。这种结合不仅提高了员工的工作效率,还增强了员工对企业目标的认同感和责任感。

(二) 公平性与一致性

绩效指标的设定应遵循公平原则,这是确保所有员工在同一标准下进行评估的基础。通过这一原则,可以增强员工的信任感和满意度,进而提升整体工作效率和企业凝聚力。在绩效管理中,公平性不仅是员工对企业管理的基本期待,也是企业文化的重要组成部分。确保绩效评估的公平性,能够有效减少员工的不满情绪,降低因绩效评估带来的内部矛盾与冲突。

第一,建立透明的绩效评估流程。员工应清楚了解绩效指标的设定依据及评估方法,这不仅能提高员工对绩效管理的认同感,还能使员工在工作中更加明确目标和方向。透明的流程使员工能够在绩效考核中感受到被尊重和理解,进而激发其内在的工作动力。此外,透明性也为管理层提供了一个反思和调整绩效管理体系的机会,使其更加符合企业的战略目标。

第二,确保绩效指标的适用性。在交通企业中,不同部门和岗位的工作性质和职责各异,若绩效指标未能充分考虑这些差异,可能导致评估结果的不公正。因此,企业需在不同层级和岗位之间设定符合实际情况的绩效指标,以确保评估结果的公正性和合理性。通过科学的设定指标,企业能够更准确地衡量员工的真实表现,并为其提供有针对性的反馈和发展建议。

第三,考虑多元化因素。交通企业员工具有不同的背景,不同的能力。只有在公平的环境中,他们才能充分展示其本领。因此,企业在设定绩效指标时,应充分考虑员工的多样性和包容性,确保每位员工都能在公平的条件下展示自己的能力。这不仅能提升员工的工作满意度,也能给企业带来更多创新的视角和解决方案。

第四,定期进行绩效评估的公正性审查。通过审查,交通企业可以及时发现并纠正可能存在的偏见或不公现象,确保绩效管理体系的健康运行。公正性审查不仅是对现有绩效管理体系的检验,也是对未来改进方向的探索。通过不断的审查和调整,交通企业可以建立一个更加完善和公正的绩效管理体系,从而为员工和企业的持续发展提供有力支持。

三、绩效指标的动态调整机制

(一)绩效指标调整的触发条件

1. 市场环境变化导致的业务调整

当市场环境发生变化时,企业的业务也会随之调整,这要求绩效指标能够及时反映新的业务重点,以确保员工的努力方向与企业的发展战略保持一致。此外,企业战略目标的重新定位或更新也可能引发绩效指标的调整。交通企业在不同的发展阶段可能会调整其战略目标,从而需要相应地修改绩效指标,以确保员工的工作目标与企业的长期愿景相符。

第四章 交通企业人力资源绩效管理体系优化

2.员工绩效表现与预期目标之间的显著差距

当员工的实际绩效与预期目标之间存在显著差距时,可能意味着现有的绩效指标不再适用,或指标设定不够合理。在这种情况下,企业需要重新审视绩效指标的设定,确保其能够有效地激励员工,提高工作效率和质量。技术进步或行业标准的变化也会影响绩效指标的相关性。随着技术的快速发展和行业标准的不断变化,企业需要不断更新其绩效指标,以保持竞争力,并确保员工的技能和能力与行业发展同步。

3.外部竞争态势变化引发的绩效评估标准修订

随着市场竞争的加剧,企业需要不断优化其绩效评估标准,以确保其能够在激烈的市场竞争中脱颖而出。外部竞争态势的变化可能导致企业重新评估其核心竞争力,从而需要调整绩效指标,以反映新的竞争环境和市场需求。通过及时调整绩效指标,交通企业可以更好地适应外部环境的变化,提高员工的工作积极性和企业的整体绩效。

(二)绩效指标调整的实施流程

1.明确指标调整的责任人

责任人的确定不仅能够确保指标的评估和调整工作有序进行,还能提高指标调整的专业性和针对性。通过指定专人负责,交通企业能够更好地协调各部门之间的沟通与合作,确保调整过程中的信息流畅和决策的科学性。

2.收集相关数据和反馈

通过对当前绩效指标的有效性和适用性进行深入分析,交通企业可以识别出哪些指标需要调整,以及调整的方向和幅度。数据和反馈的收集应包括定量和定性两方面,既要有具体的绩效数据,又要有员工和管理层的主观评价。这种全面的数据收集方式有助于形成对现有绩效指标的全面认知,为后续的调整提供坚实的基础。

3. 召开跨部门会议

通过召开跨部门会议,各部门能够分享各自的观点和建议,从而使绩效指标的调整更加全面和合理。会议的召开不仅是为了听取意见,更是为了通过讨论达成共识,确保各方意见被纳入考虑。这一过程有助于提高调整方案的可接受性和实施的顺畅性,减少因部门间意见不一致而导致的执行障碍。

4. 制订调整方案

在方案制订过程中,明确新的绩效指标及其实施细则是关键。调整方案应详细说明新指标的具体内容、评估标准及实施步骤,并对相关人员进行必要的培训。通过培训,确保所有相关人员都能够理解并执行新的指标要求,从而提高方案实施的有效性和效率。

5. 设定评估周期

通过定期检查新指标的表现,交通企业可以及时发现问题并进行进一步的调整。这种动态的评估机制不仅能够确保绩效指标始终与企业目标保持一致,还能促使企业不断优化人力资源管理,提升整体绩效管理水平。

第二节 绩效评价方法与流程

一、绩效评价方法

(一)量化与定性评价方法的结合

量化评价方法通过使用数据和指标,能够直接反映员工的绩效水平。这种方法的优势在于其客观性和可比较性,使管理者能够通过具体的数值分析员工的工作表现,进而进行有效的绩效管理。然而,仅依赖量化数据可能无法全面反映员工在工作中的表现,特别是在涉及工作态度、团队合作和创新能力等非量化因素时,定性评价方法显得尤为重要。

定性评价方法侧重于对员工非量化因素的评估,这些因素包括工作态度、团队合作能力及创新能力等。通过定性评价方法,管理者可以对员工表现有更全面的了解。这种方法不仅关注员工的工作结果,还重视员工在工作过程中的行为表现和潜力发展。定性评价能够弥补量化方法的不足,帮助管理者更好地理解员工在企业中的综合表现。

量化与定性评价方法的结合,可以形成多维度的绩效评估体系。这种结合确保了绩效评价的全面性和准确性,让管理者能够从多个角度审视员工的表现。通过这种方式,交通企业可以在绩效管理中实现数据驱动与人性化管理的平衡,既保证了绩效评估的客观性,又体现了对员工个体差异和潜力的关注。这种平衡有助于促进员工的持续成长与发展,从而提升企业整体绩效。

量化与定性评价方法的结合不仅增加了评估方法的多样化,而且促进了员工发展。通过量化与定性方法的互补,管理者能够有效识别员工的优势与不足。这种识别不仅为员工提供了明确的改进方向,还为企业制定更具针对性的激励措施提供了依据。针对员工不同的表现特点,企业可以设计多样化的激励方案,激发员工的潜能,提高其在企业中的贡献度。

(二)基于行为的评估方法

基于行为的评估方法是一种通过观察员工在实际工作中的行为表现来进行绩效评价的有效手段。这种方法强调对员工工作能力和潜力的准确反映,注重员工在工作过程中的具体行为和决策。通过这种方式,企业能够更精准地识别出影响绩效的关键因素,为员工的职业发展提供有力的支持。

通过行为事件访谈等方法,企业能够深入挖掘员工在特定情境下的表现和应对策略。这种方法不仅关注员工在日常工作中的表现,还重视其在突发事件中的反应能力和决策水平。通过这种全面的评估方式,企业可以更好地了解员工的实际工作能力,为其制订更具针对性的培训和发展计划。

基于行为的评估方法通过设定明确的行为标准和评价指标,为员工提供清晰的成长方向和改进建议。这种方法的优势在于其透明性和客观性,使员工能够明确自身的优劣势,并在此基础上进行自我提升。通过这种机制,员工不仅能够看到自身的进步空间,还能获得具体的指导和反馈,从而在职业发展道路上更加自信和主动。

(三)结果导向型评价方法

结果导向型评价方法强调以实际成果为基础,直接衡量员工在实现组织目标过程中的贡献和表现。这种方法的核心在于通过客观的成果来评估员工的绩效,而不是只依赖主观的印象或过程性行为。通过这种方式,交通企业能够更加准确地识别出在特定时间段内对组织目标实现有突出贡献的员工,进而为其提供相应的激励和发展机会。

结果导向型评价方法通过设定明确的绩效目标和指标,确保员工的工作成果与企业的战略目标相一致。在交通企业中,这意味着管理层需要为员工制定清晰的工作目标,并将其与企业的长远发展计划相结合。通过这样的方式,员工不仅能够明确自己的工作方向,还能在日常工作中不断对标企业的战略目标,确保个人努力与企业整体发展保持一致。这种方法为企业提供了一种将战略目标分解到个人层面的有效手段。

结果导向型评价方法能够通过量化的业绩数据,提供清晰的绩效反馈,帮助员工了解自身的优势和不足。在交通企业中,量化的业绩数据可能包括运输效率、客户满意度、事故率等具体指标。通过这些数据,员工可以清楚地看到自己的工作表现,从而更好地进行自我评估和调整。这样的反馈机制不仅有助于员工的个人成长,也为管理层提供了一个客观的依据来进行绩效考核。

结果导向型评价方法可以促进员工的自我激励,因为明确的结果目标能够激发员工追求卓越的动力。当员工知道自己的努力会直接影响到绩效评价结果时,他们往往会更加主动地提升自己的工作能力和效率。在交通企业中,这种自我激励机制尤为重要,因为企业需要依靠员工的积极性和创造力来应对复杂多变的市场环境和运营挑战。通过结果导向型评价方法,员工的自我激励能够得到有效的激发和维持。

结果导向型评价方法可以增强团队合作意识,通过共同追求团队目标来提升整体绩效和协作效果。在交通企业中,团队合作是完成复杂运输任务和提升服务质量的关键。当每位员工都清楚团队的共同目标,并知道自己的贡献如何影响整体绩效时,团队成员之间的协作和沟通会更加顺畅。这种方法不仅能够提升团队的整体绩效,还能营造出一种积极向上的工作氛围,促进企业文化的建设和发展。

二、绩效评价流程的设计

(一)绩效评价前的准入标准设定

1. 设定明确的绩效目标

设定明确的绩效目标是首要步骤,这不仅能使员工理解其工作中的预期成果和标准,还能为其提供明确的方向和动力。通过目标的具体化,员工可以更好地规划自己的工作任务,进而提高工作效率和质量。此外,明确的目标设定有助于在评价过程中减少主观偏差,确保评价的客观性和公正性。

2. 界定绩效评价的周期

明确的评价周期能够保证员工在既定的时间框架内完成预定目标,并接受相应的绩效评估。这一周期的设定既要考虑工作的实际需要,也要兼顾员工的工作节奏和企业的运营周期。合理的评价周期不仅能提高员工的工作积极性,还能帮助企业及时发现并解决潜在的问题,从而优化整体绩效管理流程。

3. 确保参与绩效评价的员工符合资格

参与绩效评价的员工需要符合一定的资格标准，以确保绩效评价的有效性和公正性。这些标准通常包括工作经验、专业能力和岗位职责的匹配等，通过设定这些标准，企业可以筛选出真正符合条件的员工进行评价，避免因不当评估带来的资源浪费和不必要的管理冲突。这一过程有助于提升员工对绩效管理体系的信任度和接受度。

4. 建立完善的培训机制

培训不仅要面向管理层，还要覆盖到所有参与评价的员工。通过系统的培训，管理者和员工可以深入了解绩效评价的流程、标准及相关工具的使用方法，从而提高评价的准确性和效率。同时，培训可以增强员工对绩效管理的认同感，形成良好的企业文化氛围。

5. 实施绩效数据的初步审核

在正式评估前，对数据进行初步审核可以确保所使用信息的准确性和可靠性。这一过程能够有效避免因数据错误导致的评价偏差，并为后续的绩效分析和决策提供坚实的基础。

（二）绩效评价的时间安排与人员分工

交通企业设定绩效评价的具体时间节点是确保整个流程顺利进行的基础。初步评估、反馈会议和最终评估是三个关键节点。在初步评估阶段，管理层需对员工的工作表现进行初步的分析和记录，为后续的反馈会议做好准备。反馈会议是管理者与员工之间的沟通桥梁，通过面对面的交流，员工可以更清晰地了解自身的优劣势，并针对性地进行改进。最终评估是对整个绩效周期的总结和反思，确保员工在下一周期有明确的改进方向。

交通企业明确各参与人员的角色与职责是提高评价效率和透明度的关键。

评估者通常是员工的直接上级,他们负责对员工的工作表现进行公正的评估。被评估者,即员工本人,需要对自己的工作进行自我评价,提供必要的背景信息和数据支持。相关监督人员则负责确保整个评价过程的公平性和透明性,避免任何形式的偏见和误解。通过明确的角色划分,交通企业可以减少因职责不清而导致的沟通障碍和效率低下。

绩效评价的周期性安排,如季度或年度评估,能够确保员工在规定时间内完成目标并接受评估。季度评估有助于对员工的短期表现进行及时的反馈和调整,而年度评估则提供了一个全面回顾和总结的机会。通过周期性的评估安排,交通企业可以更好地掌握员工的成长轨迹,并在必要时进行资源和策略的调整,确保企业目标的实现。

(三)评价结果的记录与分析

绩效评价结果需被系统性地记录下来,确保所有评估数据均被妥善存档。这不仅有助于后续的查询与分析,还有助于为企业的管理决策提供坚实的数据支持。通过系统化的记录,交通企业能够在需要时快速获取历史绩效数据,确保在制定人力资源政策和调整管理策略时,基于准确的事实和数据。此外,妥善的记录也为员工提供了一种透明的绩效反馈机制,使其能够清晰了解自身在企业中的表现和贡献。

交通企业对绩效评价结果进行定量与定性的分析,是识别员工优势与不足的关键步骤。定量分析通过数据指标揭示员工在特定时间段内的表现,而定性分析则通过主观评价和反馈,提供对员工行为和能力的深刻洞察。结合这两种分析方法,企业能够全面了解员工的工作表现,并为其提供具体的改进建议。这种双重分析方法不仅帮助员工明确自身的改进方向,也为企业提升整体绩效水平提供了科学依据。通过这种深入的分析,企业可以更有效地指导员工发展,从而提升组织整体效能。

交通企业定期对绩效评价结果进行汇总与回顾,是确保绩效管理体系持续优化的必要过程。通过周期性的汇总与分析,企业能够识别整体绩效的变化趋势,为人力资源管理决策提供数据支持。这种定期回顾机制有助于企业及时调整绩效管理策略,确保其始终与企业发展目标保持一致。通过分析整体绩效变化趋势,企业不仅能够评估当前管理措施的有效性,还能预测未来的绩效走向,为长期战略规划提供参考。

三、绩效评价结果的应用与反馈

(一)绩效评价结果的沟通与反馈机制

通过建立定期的反馈会议,交通企业能够确保员工在绩效评价后及时获得来自管理层的直接反馈和建议。这种直接的交流方式不仅能使员工理解自身的能力水平,还能增强他们对企业目标和个人职业发展的清晰认识。定期的会议使员工和管理层之间形成一种透明的沟通渠道,减少误解,提升工作效率。此外,反馈会议还为员工提供了一个表达自身观点和困惑的平台,使管理层能够更好地了解员工的需求和期望,从而在制定后续的人力资源策略时更具针对性。

为了使绩效评价的沟通更具个性化,交通企业可以设计绩效评价结果的个性化沟通方案。这一方案要求管理者根据员工的不同需求和性格特点,选择适合的沟通方式。个性化的沟通不仅能提高员工对绩效评价结果的接受度,还能增强员工的满意度和工作积极性。这种因人而异的沟通策略体现了企业对员工个体差异的尊重,也有助于在团队中营造出一种更加包容和理解的工作氛围。

实施绩效评价结果的可视化呈现,是提升员工对于绩效评价结果理解能力的有效途径。通过图表和数据分析工具,员工可以更加直观地理解其绩效水平和改进方向。可视化的结果不仅能让员工清晰地看到自身在团队中的位置,还能帮助他们识别出自身的优势和需要改进的领域。这种直观的呈现方式能够有效减少因信息不对称而导致的误解,并促进员工主动参与绩效改进的过程。此外,数据的可视化还为管理层提供了一个评估团队整体绩效的工具,使交通企业在制定战略目标时更加科学和合理。

双向沟通机制是推动员工参与绩效评价过程的关键。鼓励员工对绩效评价结果提出反馈和建议,不仅能增强他们的参与感,还能提高他们对评价过程的认同。这种双向的沟通机制,使员工不再只是被动的接受者,而是评价过程的积极参与者。通过倾听员工的声音,交通企业可以更好地调整绩效管理策略,确保其符合员工的实际需求和期望。这样的机制不仅能提升员工的工作满意度,还能为企业创造一个更加开放和创新的工作环境。

(二)基于绩效结果的个体发展与职业规划

绩效结果不仅是对员工过去工作的总结,更是对其未来职业发展的指引。通过对绩效结果的深入分析,交通企业可以为员工制订个性化的职业发展计划。这些计划帮助员工明确其职业方向和目标,确保他们的努力与企业的长远发展相一致。个性化的职业发展计划通常包括短期和长期目标的设定,明确员工在企业中的发展方向,并通过阶段性目标的实现来激励员工不断进步。这种方法不仅提升了员工的职业满意度,也增强了企业的整体竞争力。

建立系统化的职业发展指导机制是促进员工职业成长的关键。交通企业应定期为员工提供职业咨询和发展建议,帮助他们识别自身的优劣势及潜在的发展机会。这种指导机制不仅包括一对一的职业咨询,还应涵盖职业发展研讨会、职业技能培训等多种形式。通过这些活动,员工能够更好地理解企业的期望,并在日常工作中应用所学知识,提升自身的职业素养和工作能力。

结合员工的绩效结果与企业的发展需求,交通企业应设计具有针对性的培训和发展项目。这些项目的设计需要综合考虑员工的当前能力、绩效表现及企业未来的发展方向。通过为员工提供专业技能和管理能力的培训,企业能够提升员工的核心能力,使其在未来的职业发展中更具竞争力。此外,这些培训项目还应灵活调整,以适应快速变化的市场环境和企业战略调整,确保员工始终具备适应变化的能力。

高潜力员工是企业未来发展的重要资源,通过绩效结果分析识别这些员工并制定相应的晋升和发展途径,对于激励他们持续努力至关重要。交通企业可以通过建立人才库,跟踪高潜力员工的绩效和发展动态,为其量身定制职业发展计划。这些计划不仅包括晋升机会,还包括跨部门轮岗、国际项目参与等多种发展途径,以便全面提升员工的综合素质和领导能力。通过这样的激励机制,企业能够有效留住人才,推动组织的持续发展。

第五章　交通企业员工激励机制

第一节　物质激励与精神激励的平衡

一、物质激励的形式与效果

(一)工资与奖金制度的激励作用

工资制度的公平性是增强员工满意度的基石,公平合理的薪酬能够有效提升员工的工作积极性。这种积极性不仅体现在员工的日常工作表现上,还体现在整体工作效率的提高上。员工在感受到公平对待时,会更加投入地完成工作任务,从而为企业创造更大的价值。在交通行业中,工作环境和条件相对复杂,合理的工资制度能够帮助员工克服这些困难,专注于提升工作质量。

奖金制度通过绩效导向的激励机制,激发员工的竞争意识。通过明确的绩效目标和奖励措施,员工在工作中会更加努力追求更高的业绩。这种竞争意识不仅能够提高个人的工作表现,还能在团队中形成积极向上的氛围。尤其是在交通企业这样一个需要团队协作的行业中,奖金制度能够有效促进团队成员之间的协作与沟通,提高团队整体的工作效率和创新能力。

合理的工资与奖金结构不仅能够吸引和留住优秀人才,还能有效减少员工流失率。在交通企业中,员工的专业技能和经验对于企业的长远发展至关重要。通过有竞争力的薪酬和奖励政策,企业能够吸引行业内的优秀人才,并通过持续的激励措施留住这些人才。这种人才的稳定性为交通企业的长远发展提供了坚实的保障,使企业能够在激烈的市场竞争中保持领先地位。

(二)福利计划对员工忠诚度的影响

福利计划不仅是企业对员工的经济补偿,也是员工对企业文化和价值观认同的体现。福利计划的多样性能够满足员工不同的生活需求,从而提升其对企业的归属感和忠诚度。通过提供健康保险、住房补贴、交通津贴等多样化的福利,企业可以有效地提升员工的生活质量,进而提高他们对企业的忠诚度。这种多样化的福利能够使员工感受到企业对其个人需求的尊重和重视,进而增强其对企业的归属感。

良好的福利计划,如健康保险和退休金计划,不仅能为员工提供物质保障,还能显著增强员工的安全感。这种安全感的提升能够有效减少员工对未来的不安,从而提高他们对企业的忠诚度。健康保险可以减轻员工在医疗方面的经济压力,使他们能够更专注于工作;退休金计划则为员工提供了长远的经济保障,使其在职业生涯中对企业的忠诚度得以提高。这种对未来的规划和保障使员工在心理上对企业产生更深的信任和依赖。

定期的福利评估和调整能够使员工感受到企业对其需求的持续关注。通过定期的福利评估,企业可以及时了解员工的实际需求,并根据这些需求对福利计划进行调整。这种动态调整机制使员工感受到企业对其价值的认可和重视,进而增强员工对企业的信任感和忠诚度。此外,企业还可以通过员工反馈机制,了解员工对福利计划的满意度,从而不断优化福利政策。

通过提供灵活的选项,员工可以根据个人及家庭情况选择适合自己的福利,这种灵活性进一步提升了员工对企业的满意度和忠诚度。灵活的企业福利选项允许员工根据自身的生活状态和家庭需求进行选择,从而使福利计划更具个性化和针对性。这种个性化的企业福利选择不仅能提高员工的满意度,还能使他们在企业中感受到更强的归属感和忠诚度。企业通过灵活的福利选项,展现了对员工个体差异的尊重和理解,进而增强了员工对企业的认同感。

福利计划的透明性和公平性能够增强员工对企业激励机制的信任,促进员工在工作中的积极性和忠诚度。透明的福利政策使员工能够清晰地了解自己所享有的福利,避免了因信息不对称而产生的不满和误解。公平的福利分配则确保了所有员工在同等条件下享有相同的福利待遇,避免了因不公正对待而导致的员工流失。通过透明和公平的福利计划,企业能够有效地促进员工的工作积极性和忠诚度,进而提升整体的企业绩效。

(三)股权激励在交通企业中的应用

在交通企业中,股权激励作为一种重要的长期激励机制,被广泛应用于提升员工的归属感和责任感。这种激励方式不仅能增强员工与企业共同成长的意愿,还能在一定程度上减少员工的流动性。通过给予员工股份,企业不仅能够将员工的个人利益与公司整体发展紧密结合,还能促使员工在战略决策中表现出更高的参与度和责任意识。

股权激励在吸引和留住高素质人才方面发挥着关键作用。对于交通企业,拥有一支稳定且高素质的员工队伍是其保持竞争力的基础。股权激励能有效提升团队的稳定性和凝聚力,使员工在面对外部诱惑时更倾向于留在现有企业。这不仅因为股权激励带来的经济利益,更因为它能满足员工对职业发展的深层次需求。此外,在股权激励方案的设计中需要充分考虑员工的不同层级和贡献,以确保激励措施的公平性和透明性,从而最大限度地激发员工的积极性。

在设计股权激励方案时,交通企业需考虑以下两方面因素,以确保其有效性和可持续性。一方面,激励方案应根据员工在企业中的层级和贡献进行差异化设计,以体现公平性和透明性。另一方面,方案的实施需要与企业的长期战略目标相结合,确保激励措施能够真正激发员工的创造力和主动性。通过合理的股权激励设计,企业不仅能提升员工的工作积极性,还能促使他们在日常工作中表现出更高的创新能力和主动性,从而推动企业整体绩效的提升。

股权激励还可以作为企业文化的一部分,促进员工之间的合作与沟通。交通企业在实施股权激励时,应注重营造一种共同追求企业目标的良好氛围。通过股权激励,员工不仅能感受到企业对其贡献的认可,还能在共同持有股份的基础上,增强彼此之间的信任和合作意愿。这种文化氛围的营造有助于形成一个更加紧密和高效的团队,为企业的长远发展奠定坚实的基础。

二、精神激励的方法与作用

(一) 工作成就感的深化提升

1. 设定明确的工作目标

通过设定明确的工作目标,交通企业能够有效地引导员工的工作发展,使员工在完成任务时获得成就感。这种成就感不仅能够提升员工的工作积极性,还能在一定程度上激发他们的潜力。明确的目标设定使员工对自身的任务有清晰的理解,从而在完成任务时感受到个人能力的提升和价值的实现。这种成就感的积累有助于形成积极的工作氛围,进而提升整体工作效率。

2. 定期表彰和奖励员工的优秀表现

通过表彰和奖励,交通企业不仅能够增强员工对工作的认同感,还能够提升他们的自豪感。员工在得到认可时,会感受到自身努力的价值,这种正向反馈能够激励他们在未来的工作中继续努力。奖励机制的设立不仅能激发员工的内在动力,还能在企业内部形成良好的竞争氛围,推动全体员工的积极性和创新性。

3. 鼓励员工参与项目决策或创新活动

在参与项目决策和创新活动过程中,员工能够感受到个人价值的实现。这种参与感使员工在工作中更加投入,因为他们意识到自己的意见和想法能够对项目的发展产生实际影响。通过这种方式,交通企业不仅能够激励员工,还能在一定程度上提升项目的创新性和执行力。

4. 团队合作和成功经验分享

团队合作使员工在共同努力中感受到集体的力量和支持,而成功经验分享则能够增强团队的凝聚力。在这种氛围下,员工不仅能够感受到个人成就感的提升,还能体验到集体合作带来的满足感。这种集体成就感的提升有助于增强团队的协作精神和向心力,推动企业整体目标的实现。

(二) 员工参与与自主权的扩展

通过建立跨部门项目小组,交通企业可以鼓励员工参与多样化的工作项目。这种方法不仅能增强员工对工作的投入感和责任感,还能促进不同部门之间的协作与理解。跨部门项目小组的设置使员工能够在不同的工作环境中发挥自身特长,并从不同的视角理解企业的整体运作。这种参与感的提升不仅有助于员工个人职业发展,还有助于增强其对企业的归属感和认同感。

员工建议制度是有效的精神激励方法。通过让员工在工作流程和管理决策中提出意见和建议,交通企业可以大幅提升员工的参与感和归属感。这种制度的实施不仅能激发员工的创新思维,还能使企业在管理上更加灵活地适应市场变化。员工建议制度的成功实施需要企业建立开放的沟通渠道,并对员工的建议给予足够的重视和反馈。这样的制度设计可以有效提高员工的工作满意度和忠诚度,同时给企业带来新的发展契机。

交通企业提供自主决策的空间是激发员工创造力和主动性的关键。允许员工在特定范围内自行制定工作目标,可以使其更好地发挥个人能力和特长。这样的自主权不仅能提高工作效率,还能增强员工的责任感和成就感。企业在给予员工自主权的同时,需要建立相应的支持和监督机制,确保员工在自由发挥的同时,能够保持与企业整体目标的一致性。这种平衡的把握是实现员工自主性与企业效益双赢的基础。

交通企业定期举办员工参与的创新活动或头脑风暴会议,是激发团队创造力和增强团队合作的有效途径。在这些活动中,员工可以自由分享创意和想法,这不仅能促进团队成员之间的沟通与理解,还能给企业带来新的解决方案和发展思路。通过这种方式,企业不仅能激发员工的创造力,还能增强团队的凝聚力和协作精神。创新活动的成功举办需要企业提供一个开放的环境和足够的资源支持,以确保每位员工的声音都能被听到和重视。

通过设立员工代表机制,交通企业可以确保员工在企业决策中有发言权。这种机制的存在,使员工能够更直接地参与企业的发展过程,增强其对企业发展的参与感和认同感。员工代表机制的有效运作需要企业在决策过程中真正倾听和采纳员工的意见,并在企业政策和战略中体现员工的需求和期望。这样的机制不仅能提高员工的工作积极性,还能为企业的决策提供更为全面和多样化的视角,助力企业的可持续发展。

(三) 职业发展机会与成长支持

提供系统的职业发展规划可以帮助员工实现个人职业目标与企业目标的对接,增强其职业发展的方向感。这不仅能使员工在职业生涯中找到更清晰的方向,还能有效提高员工的工作满意度和忠诚度。通过明确的职业发展规划,员工能够更好地理解自身在企业中的角色和贡献,从而激发出更大的工作热情和创造力。同时,这种规划为企业留住人才、减少离职率提供了坚实的基础。

在激烈的市场竞争中,定期组织职业技能培训是保持员工竞争力的重要手段。通过这些培训,员工能够不断更新和提升自己的专业能力,应对不断变化的行业需求。这不仅有助于个人职业素养的提高,也为企业的整体竞争力提供了保障。培训内容应当紧密结合行业发展趋势和企业实际需求,确保员工所学能够直接应用于工作实践中。通过系统化的培训,交通企业能够培养出一支具有高素质和高技能的员工队伍,为企业的长远发展奠定基础。

内部晋升机制是激励员工在企业内部发展的重要举措。通过公平的评估体系,交通企业可以激励员工追求更高的职位和承担更大的责任。这种机制不仅能够提升员工的积极性和工作效率,还能增强企业的凝聚力和向心力。公平透明的晋升机制让员工看到努力工作的回报,从而激发出更强的工作动力。此外,内部晋升机制也有助于企业识别和培养内部人才,为企业的持续发展提供源源不断的人才支持。

交通企业为员工提供职业辅导和咨询服务可以帮助员工认识自身优势与不

足,制订个性化的职业发展方案。这种支持不仅能够提升员工的自我认知和职业规划能力,还能帮助他们在职业生涯中做出更明智的决策。通过专业的辅导和咨询,员工能够更好地理解自己的职业兴趣和潜力,从而选择最适合自己的发展方向。这种个性化的支持服务能够提升员工的职业幸福感和工作投入度,进而为企业创造更大的价值。

三、物质激励与精神激励的综合策略与动态调整

(一)物质激励与精神激励的综合策略

在交通企业中,制定有效的激励策略需要综合考虑物质激励与精神激励的双重作用。物质激励通常指薪酬、奖金和福利,精神激励则涉及认可、成长机会和工作环境等因素。为了在员工激励中取得最佳效果,企业需要将物质激励与精神激励结合起来,确保员工在不同需求层次上都能得到满足。通过这种综合策略,企业不仅能够提高员工的工作积极性,还能够促进员工的职业发展和个人成长。

第一,建立多层次的激励体系是实现物质激励与精神激励平衡的关键。企业可以通过提供基本薪酬、绩效奖金和福利计划来满足员工的物质需求,同时通过职业发展计划、培训机会和工作认可来满足员工的精神需求。这样的体系能够确保员工在物质和精神层面都感受到企业的关怀与支持,从而提升员工的整体满意度。为了确保激励措施的有效性,企业需要定期评估现有激励措施,通过员工反馈和满意度调查,及时调整和优化激励策略,以适应员工不断变化的需求。

第二,提供灵活的激励方案是提升激励针对性的重要策略。交通企业应允许员工根据个人需求选择适合自己的物质与精神激励方案。这样的灵活性能够满足员工的个性化需求,提升激励措施的有效性。例如,有些员工可能更看重职业发展机会,而另一些员工可能更倾向于获得额外的物质奖励。通过提供多样化的激励方案,企业能够更好地激发员工的潜力和创造力。

第三,加强管理层与员工之间的沟通是确保激励措施透明性和公平性的基础。交通企业需要建立有效的沟通渠道,确保员工能够了解激励机制的运作方式和评估标准。透明的激励机制不仅能够增强员工对企业的信任与认同,还能激励员工更加努力地工作。管理层应积极听取员工的意见和建议,及时调整激励措施,以确保其公平性和合理性。通过这样的沟通与互动,企业能够建立起良好的激励文化,促进员工与企业的共同成长。

(二)激励方式的动态调整

建立定期评估机制,通过定期的员工满意度调查和绩效评估,可以及时了解员工对激励措施的反馈。这样的机制不仅能确保激励方式的有效性和适应性,还能帮助企业在不断变化的市场环境中保持竞争力。员工满意度调查为企业提供了一个直接了解员工需求和期望的渠道,而绩效评估则为企业提供了一个衡量激励措施效果的工具。通过这些方法,交通企业可以更好地识别出哪些激励措施能够真正激发员工的工作积极性,从而进行针对性的调整和优化。

根据市场环境和企业目标的变化,灵活调整激励措施是保持企业竞争力的关键。交通企业面临的市场环境不断变化,企业目标也可能随着时间和外部条件的变化而调整。因此,激励策略必须能够与行业趋势和企业战略保持一致。为了实现这一目标,企业需要建立一个灵活的激励机制,能够根据外部环境的变化迅速做出反应。通过对市场趋势的持续关注和对企业目标的清晰理解,企业可以确保其激励措施始终处于行业的前沿,并能够有效地支持企业的长期发展战略。

利用数据分析工具,定期分析员工绩效与激励措施之间的关系,是优化激励机制的重要方法。通过对员工绩效数据的深入分析,企业可以发现不同激励措施的实际效果,并据此调整激励策略。这种基于数据驱动的决策方式,不仅能提高激励措施的科学性和准确性,还能有效避免资源的浪费,确保激励措施的投入产出比达到最佳状态。

建立透明的沟通渠道,鼓励员工提出对激励措施的建议和意见,是确保激励方式能够反映员工真实需求和期望的有效途径。交通企业需要通过多种渠道,鼓励员工积极参与激励机制的建设和优化过程。通过建立开放和透明的沟通机制,企业可以及时获取员工的反馈和建议,从而不断完善激励措施。这样的沟通机制不仅能够增强员工的参与感和责任感,还能帮助企业更好地理解员工的真实需求,确保激励措施的设计和实施能够真正起到激励作用,推动企业的持续发展。

四、物质激励与精神激励的协同作用

(一)激励机制的动态互动效应

物质激励通过提供直接的经济利益,如奖金、加薪和福利,能够显著提升员工的工作积极性。这种直接的回报机制使员工感受到企业对其工作的认可,从而激发更高的工作热情。然而,仅依靠物质激励可能会导致员工仅关注短期工作,而忽视长期的职业发展。因此,交通企业需要利用精神激励满足员工的成就感、归属感和自我价值感,使员工在物质激励的基础上,进一步认可和接受企业的奖励措施。这种认可不仅提高了员工的满意度,也增强了员工对企业的忠诚度。

(二)激励措施的协同优化实践

1. 建立跨部门协作机制

通过建立跨部门协作机制,不同部门之间的沟通与合作得以加强,从而实现激励措施的整体优化和资源共享。这种协作机制不仅能打破部门壁垒,还能促使各部门在制定和实施激励政策时考虑全局利益,确保激励措施的有效性和一致性。此外,跨部门的协作也有助于整合资源,避免重复投入,提升企业整体的运作效率。

2.定期组织员工反馈会议

通过组织员工反馈会议,企业能够收集员工对现行激励措施的意见和建议,从而确保激励机制能够反映员工的真实需求与期望。这种反馈机制不仅增强了员工的参与感,也为企业提供了改进激励措施的宝贵信息来源。通过倾听员工的声音,交通企业能够及时调整激励策略,避免因措施不当而导致的员工士气低落或流失问题。这种开放的沟通渠道也有助于建立信任,提升员工对企业的归属感。

3.制订个性化激励方案

交通企业可以根据员工的工作表现与职业发展目标,灵活调整激励内容,提高员工的参与感和积极性。个性化激励方案不仅能照顾到员工的个人需求和偏好,还能激发员工的潜力,推动其在工作中取得更佳表现。通过这种方式,企业能够更有效地激励员工,同时为员工提供清晰的职业发展方向,增强了员工的职业满意度和忠诚度。

第二节 目标设定与激励机制设计

一、目标设定的原则与方法

(一)设定可测量的、个性化的目标

设定可测量的目标是实现有效激励的基础。明确的绩效指标能够量化员工的工作成果,使每位员工都能清晰了解其工作目标和评价标准。这种透明度不仅能使员工理解其在组织中的角色和贡献,还能激发他们的工作积极性和责任感。通过设定具体的、可测量的目标,管理者可以更好地评估员工的表现,并为

其提供有针对性的反馈和指导,从而促进个人和组织的共同发展。

　　交通企业在设定目标时需要考虑不同岗位的特点,制定差异化的目标。每位员工的职责和能力各不相同,因此,统一的目标可能无法充分发挥每位员工的潜力。根据岗位特点设定个性化的目标,企业能够确保每位员工的目标与其职责和能力相匹配。这种个性化的目标设定不仅能提高目标的可达成性,还能激发员工的内在动力,使其在工作中发挥最大的潜力。

(二)设定具有挑战性的目标

　　挑战性的目标能够激发员工的潜能,促使他们在工作中不断超越自我,从而提升整体工作表现。这种目标设定不仅是对员工能力的考验,更是对其心理承受能力和创新能力的激励。在实践中,交通企业应通过科学的评估和合理的规划,确保目标的挑战性与员工的实际能力相匹配,避免因过度的挑战导致员工产生挫败感。

　　交通企业设定具有挑战性的目标应与其战略目标紧密结合。这种结合能够确保员工在追求个人目标的同时,推动企业的整体发展。通过将个人目标与企业战略相对接,员工能够更清晰地认识到自己的工作是如何为企业的长远目标做出贡献的。这种理解不仅增强了员工的工作主动性,也提升了他们对企业的归属感和责任感。因此,企业在设定挑战性目标时,必须充分考虑企业的战略需求和员工的个人发展方向。

　　定期回顾和调整目标是保持企业挑战性的重要步骤。交通企业的外部环境和内部条件可能会不断变化,因此,定期对目标进行回顾和调整是必要的。通过这样的方式,企业能够确保目标始终保持适当的挑战性,进而激励员工持续保持高昂的工作热情与动力。定期的目标评估还可以帮助企业识别潜在的问题和机会,从而及时采取措施进行调整和优化,确保员工和企业共同朝着正确的方向前进。

(三)设定合理的目标时限

　　合理的目标时限应与员工的工作节奏相匹配,避免过于紧迫的期限导致员工承受过大的压力,这种压力不仅可能影响员工的工作效率,还可能降低工作质量。因此,管理者在设定目标时,需仔细考量时间安排,确保员工能够在一个可接受的工作节奏下完成任务,从而达到最佳的工作效果。

交通企业在设定目标的时限时,必须充分考虑项目的复杂性和员工的能力水平。每个项目的复杂程度不同,员工的能力也各有差异,因此,目标的时限需要在这些因素的基础上进行合理的设计。这样可以确保目标在合理的时间内实现,从而增强员工的信心与积极性。合理的目标时限不仅能激发员工的内在动力,还能使他们在实现目标过程中感受到成就感,进而提升其工作满意度。

在目标实现过程中,定期评估目标的达成情况是至关重要的。通过定期的评估,交通企业可以及时发现目标实现过程中可能出现的问题和挑战,从而适时调整目标。这种动态调整的能力使目标设定更具弹性和适应性,确保员工在面对变化时能够灵活应对,避免因无法达成目标而挫伤士气。这种方法不仅提升了目标的可行性,也增强了员工的工作体验。

二、激励机制设计的步骤与流程

(一)员工需求与激励目标

通过有效的员工调查和访谈,企业能够深入了解员工的真实需求和期望。这种收集信息的方法不仅能确保激励措施的针对性和有效性,还能增强员工对企业的归属感和认同感。调查和访谈应包括对员工工作内容、环境、薪酬、福利、职业发展等多方面的探讨,力求全面反映员工的心声和诉求。通过这种方式,交通企业能够制定出更具针对性的激励策略,从而提高员工的工作满意度和积极性。

员工的工作动机和职业发展目标是确定激励目标的关键。交通企业应深入了解员工在工作中的内在动机,如成就感、责任感和自我实现等,以及他们的职业发展目标。这一过程有助于确保激励目标与员工个人目标的一致性,使员工在实现个人目标的同时,能够为企业的发展贡献力量。通过这种双向的目标对齐,企业可以有效激发员工的内在驱动力,提高工作效率和创新能力。

员工在工作中的表现与自身满意度是影响工作积极性的重要因素。交通企业应建立科学的评估机制,定期对员工的工作表现进行考核,并结合满意度调查,找出影响员工工作积极性的主要因素。这些因素可能包括工作环境、团队氛围、领导风格,以及薪酬和福利等。通过识别和分析这些因素,企业能够制定出更具针对性的改善措施,从而提升员工的工作体验和满意度。

(二)多层次激励政策框架

多层次激励政策框架的建立旨在涵盖物质激励与精神激励的多样化组合,以满足员工不同层次的需求。通过多层次的激励政策,企业能够更有效地激励员工,提升他们的工作积极性和满意度。这种多样化的激励组合不仅考虑员工的基本需求,还关注他们的心理和情感需求。

在设计多层次激励政策时,交通企业要针对不同岗位和层级的员工设计不同的激励措施。不同的岗位和层级有着不同的工作内容、职责和挑战,因此需要有针对性的激励措施来确保政策的个性化和适应性。这种个性化的激励政策能够增强员工的参与感和归属感,使他们感受到企业对其贡献的重视和认可。同时,个性化的激励措施能够帮助企业更好地留住人才,降低员工流失率,提高整体的组织效能。

在激励政策的设计过程中,交通企业应鼓励员工积极参与,便于提升政策透明度和公平性。通过建立反馈机制,企业可以收集员工对激励政策的意见和建议,确保政策的制定过程公开透明。员工的参与不仅能够提高激励措施的认可度,还能够增强员工的归属感和责任感,使他们更愿意为实现企业目标而努力。这种参与机制也有助于营造一个开放和信任的企业文化,促进企业内部的沟通与合作。

企业战略目标是设计激励政策时必须考虑的关键因素。激励政策应与企业的发展方向相一致,激励员工在实现个人目标的同时推动企业的整体发展。这种战略一致性能够确保激励政策不仅是短期的激励手段,更是企业长期发展规划的一部分。通过将个人目标与企业目标相结合,员工能够在实现自我价值的同时,为企业创造更大的价值,实现个人与企业的双赢局面。

(三) 激励措施的实施与反馈

1. 明确激励措施实施的具体步骤

在实施激励措施时,必须明确具体步骤,确保每个环节有序进行。一是,制订详细的实施计划,明确各部门和人员的责任,确保激励措施在全公司范围内得到一致的理解与执行;二是,设立明确的时间节点和里程碑,帮助管理层和员工共同跟踪激励措施的进展。通过这种系统化的实施流程,交通企业可以有效避免因疏漏而产生的不良影响,确保激励措施的成功落地。

2. 建立沟通反馈机制

在实施激励措施的过程中,交通企业应定期收集员工对激励措施的意见和建议,尤其是在措施实施的初期阶段。通过多种渠道,如员工满意度调查、座谈会和匿名意见箱等,收集真实的员工反馈。这些反馈信息不仅有助于及时调整和优化激励策略,还有助于增强员工的参与感和归属感。反馈机制的有效运作确保了管理层能够迅速响应员工的需求和建议,使激励措施更具针对性和实效性。

3. 加强管理层与员工之间的沟通

交通企业应通过多种渠道确保员工充分了解激励措施的目的、标准和预期效果。这种透明的沟通不仅有助于消除员工的疑虑和误解,还有助于增强其对企业的信任和忠诚。通过定期的沟通会议、内部公告和培训活动,管理层可以有效传达激励措施的相关信息,提高员工的参与感和积极性,从而推动激励措施的顺利实施。

4.定期回顾与总结

交通企业应定期进行激励效果的回顾与总结,分析激励措施的实施成果。通过对成功经验和不足之处的总结,企业可以形成一套行之有效的激励管理体系。持续的回顾与改进不仅能提升员工的满意度和忠诚度,还能为企业的长期发展提供动力支持。通过这种循环改进的机制,交通企业可以不断优化激励措施,确保其在激烈的市场竞争中保持优势。

三、激励机制与目标达成的关联

(一)激励机制与目标设定的一致性作用

通过明确的目标设定,激励机制能够帮助员工理解其个人工作目标与企业整体目标之间的关系,从而增强工作积极性。这种机制的有效运作要求企业在设定目标时,必须清晰传达企业的长远愿景和短期目标,使员工能够在日常工作中不断调整自己的努力方向,确保个人目标与企业目标的一致性。这种一致性不仅能够提升员工的认同感,还能激发他们的责任感,使他们在工作中更加积极主动。

在设计激励机制时,交通企业需要确保激励措施与员工个人目标的一致性。这样的设计能够提升员工对目标的认同感和责任感,使他们在工作中更加投入。通过将个人发展与企业目标结合,员工能够看到自己努力的直接成果,从而更加积极地追求卓越。这种机制的设计不仅需要考虑员工的个人需求,还需要结合企业的战略目标,确保员工的成长与企业的发展同步进行。此外,激励机制的设计还应考虑员工的多样性,以便为不同类型的员工提供最合适的激励措施。

通过共同目标的设定,激励机制能够增强团队成员之间的合作与沟通。团队内的协作不仅能够提升整体工作效率,还能够激发创新思维,使团队能够在复杂的工作环境中灵活应对各种挑战。共同目标的设定使团队成员能够在协作中相互支持、相互学习,从而形成一种积极向上的工作氛围。这种氛围不仅能够提升团队的整体绩效,还能增强团队成员的归属感,使他们在工作中更加投入。

(二) 通过激励措施增强目标执行力

激励措施的明确性和可见性能够增强员工对目标的理解,促使其在日常工作中更有针对性地努力实现目标。具体的激励措施如奖金、晋升机会等,能够使员工清晰地看到实现目标后所能获得的直接收益,从而激发其内在的工作动机。这种明确的激励不仅能够使员工在工作中保持高昂的积极性,还能够引导他们将个人目标与企业目标相结合,取得更高效的工作成果。

通过设定具体的激励奖励,员工能够感受到目标实现后的直接获益,从而提高其执行任务的积极性。这种激励方式能够使员工在工作中感受到成就感和满足感,进而增强他们的工作投入度。明确的奖励制度使员工在目标达成过程中不再感到迷茫,而是有方向地努力。此外,这种激励措施还能够激发员工的竞争意识,形成良性竞争环境,推动整体工作效率的提升。

激励机制的反馈能够及时发现员工的表现与目标之间的差距,促使员工调整工作策略更好地实现目标。有效的反馈机制不仅能够帮助员工了解自身的优劣势,还能够为其提供改进方向和建议。这种机制通过定期的绩效评估和反馈会议,帮助员工不断优化其工作方法和策略,从而提高目标达成的效率。同时,通过反馈,管理层能够及时调整激励措施,确保其与企业发展目标保持一致。

四、目标与激励机制的匹配

(一) 根据员工反馈动态调整目标

交通企业定期收集员工对目标的反馈是确保目标设定合理性和可达成性的关键。通过建立系统化的反馈机制,管理层可以获得员工对工作目标的真实看法。这不仅有助于识别目标设定中的不足之处,还有助于为调整目标提供实质性的依据。通过这种方式,企业能够确保目标设定既符合组织战略需求,又能被员工实际接受和完成，从而提高员工的整体工作效率。

动态调整目标的过程需要根据员工的工作表现和反馈，适时调整目标的难度和挑战性。这种调整有助于保持员工的积极性和工作动力。目标过于简单，可能导致员工失去挑战感和成就感；而过于困难的目标则可能让员工感到压力过大，影响其工作积极性。因此，管理者应根据具体情况灵活调整目标，激发员工的潜力和创造力，最终实现双赢。

交通企业借助数据分析工具跟踪员工绩效是动态调整目标的重要手段。通过数据分析，企业可以及时识别目标与实际工作之间的差距。这种基于数据的分析不仅提高了目标调整的科学性和准确性，还帮助企业在激烈的市场竞争中保持灵活性和适应性。数据分析为管理决策提供了客观依据，使目标调整不再依赖主观判断，而是基于实证的分析和预测。

（二）利用技术支持灵活调整激励措施

1. 数据分析工具

通过数据分析工具，企业可以实时监控员工的绩效表现，并根据这些数据及时调整激励措施。这种动态调整机制能够更好地适应员工的不同需求和表现，从而提升激励效果。数据分析的应用不仅提高了激励措施的精准度，还使绩效评估更加客观，为企业制定科学的激励政策提供了有力支持。

2. 在线平台

在线平台的使用使收集员工反馈信息变得更加便捷和高效。通过这些平台，交通企业能够及时获取员工对激励措施的意见和建议，确保激励政策的透明性和公平性。这种反馈机制不仅提升了员工的参与感，也增强了他们对企业决策的信任感。员工在看到自己的反馈被重视和采纳后，往往会表现出更高的工作热情和忠诚度。同时，这种在线反馈机制可以帮助企业及时发现激励措施中的不足之处，并进行相应的改进。

第五章 交通企业员工激励机制

3. 移动应用程序

移动应用程序的普及为即时奖励的实施提供了可能。通过这些应用程序，员工在完成任务后可以立即获得奖励，这种即时性极大地增强了员工的工作积极性。即时奖励不仅缩短了激励的反馈周期，还使员工能够直观地看到自己努力的成果，从而激发更大的工作动力。这种即时激励机制尤其适用于年轻一代的员工，他们对即时反馈和即时满足有着更高的期望。

4. 人工智能技术

人工智能技术的应用为制订个性化激励方案提供了新的可能。通过对员工行为的深入分析，交通企业可以了解每位员工的独特需求和偏好，从而制定出更具针对性的激励策略。个性化的激励方案不仅能更有效地满足员工的需求，还能增强员工的归属感和认同感。借助人工智能，企业可以实现激励措施的精细化管理，提升激励的效果。

5. 云计算平台

云计算平台的引入为激励管理系统的整合提供了便利。通过云计算，企业可以将各类激励措施集中管理，提高系统的灵活性和响应速度。这种整合不仅简化了激励管理的流程，还使企业能够更快速地适应工作环境的变化。云计算的应用为企业提供了一个高效、灵活的激励管理工具，帮助企业在激烈的市场竞争中保持高效和竞争力。

第三节 团队激励与个人激励的结合

一、团队激励的作用与形式

(一) 团队激励的重要性

团队激励的核心在于通过激励员工之间的协作来增强彼此的信任感,这种信任感是团队高效运作的基石。信任能够促进信息的充分共享和有效沟通,使团队成员能够畅所欲言,分享各自的见解和建议,从而提高整体的工作效率。团队激励不只是简单的任务分配,更是通过共同努力实现超越个体能力的目标。

在团队激励的框架下,员工在共同目标的驱动下,发挥各自的专长。每位成员在团队中都有独特的价值,他们的优势在协作中得到充分的发挥,形成强大的合力。这种合力不仅提升了团队的创造力,还增强了团队解决复杂问题的能力。通过团队激励机制,员工能够在相互支持的环境中探索创新的解决方案,推动企业的持续发展。

团队激励的重要作用在于增强员工的归属感和责任感。在团队中,员工能够找到认同和价值,这种认同感是提升工作满意度和忠诚度的重要因素。当员工感受到他们的努力和贡献被团队认可时,他们愿意投入更多的精力和热情。归属感使员工在面对挑战时,愿意承担更多的责任,为团队的成功而努力。

有效的团队激励措施能够促进团队成员之间的协作与支持,减少内耗和冲突。在一个积极向上的团队中,成员之间的关系更加融洽,合作更加顺畅。通过设定共同的绩效目标和奖励机制,团队成员的竞争意识被激发,进而推动团队在业绩上的突破和提升。这样的激励机制不仅关注个人的表现,更强调团队整体的进步和成功。

（二）集体目标与奖励机制的链接

交通企业设定明确的集体目标不仅能够确保团队成员对共同任务的理解和认同,还能增强他们的协作意识。通过明确的目标设定,团队成员可以更清晰地了解自己的职责和工作方向,从而在工作中表现出更高的积极性和责任感。这种明确性有助于减少内部冲突,提高工作效率,并为团队的持续发展奠定坚实基础。

通过奖励机制,团队成员被激励共同努力达成目标,从而提升团队的凝聚力和向心力。奖励机制不仅是物质上的回报,更是对团队成员努力和贡献的认可。通过奖励机制,团队成员能够感受到自身努力的价值,从而在工作中更加积极主动。这种机制的实施需要考虑公平性和透明度,以确保每位成员都能感受到被尊重和重视,从而进一步激发他们的工作热情。

将团队绩效与奖励直接挂钩,是激励团队成员实现集体目标的重要手段。在这种机制下,团队成员在实现集体目标时能够获得相应的物质和精神激励。这种直接关联能够有效地激发团队成员的内在动力,使他们在工作中更加努力。通过这种方式,团队成员不仅能够看到自己的努力成果,还能体验到团队成功带来的成就感和荣誉感。这种激励方式需要管理层的精心设计,确保奖励的合理性和激励效果的最大化。

（三）团队激励创造的合作与竞争平衡

团队激励不仅能够提升成员之间的合作意识,还能增强团队的整体凝聚力和向心力。团队目标需要团队成员的共同努力才能实现,这种共同努力的协作关系有助于建立一种积极的团队文化。在这个过程中,团队成员不仅会关注个人的表现,更会关注团队的整体表现,从而在无形中提升团队的凝聚力。这样的合作环境使每一位员工都能感受到自身在团队中的重要性,进而提升他们的工作积极性和责任感。

在团队合作的基础上,团队内部健康竞争机制的建立同样重要。通过这种机制,员工在协作中有机会展现个人才能。这种竞争不仅限于个人之间,还可以是团队与团队之间的良性竞争。通过这种方式,员工不仅能追求个人进步,也能为团队的整体绩效做出贡献。这种竞争机制能够激发员工的创新能力和工作热情,同时使他们在团队环境中不断成长,提升自我。

为了确保团队激励的有效性,公平的奖励制度是不可或缺的。公平的奖励制度可以确保团队成员在共同努力下获得相应的认可与奖励,这不仅能激发员工的积极性,还能增强团队的归属感。奖励制度的设计应充分考虑团队目标的实现程度和个人贡献的大小,确保每一位成员的努力都能得到公正的评价和回报。这样的制度设计能够有效消除团队内部的矛盾与不平衡,促进团队的和谐发展。

二、个人激励的策略与效果

(一) 个人激励的策略

在交通企业运营管理中,个人激励是提升企业整体效能、增强竞争力的关键要素。有效的个人激励策略能充分挖掘员工潜力,激发其工作热情与创造力,推动企业持续发展。以下从多个维度探讨交通企业个人激励策略。

1. 薪酬激励

薪酬激励是交通企业个人激励的基础且重要的方式。薪酬作为员工劳动价值的直接经济回报,合理设计能吸引并留住优秀人才。交通企业需依据员工岗位性质、技能熟练程度、工作经验积累等因素,制定具有市场竞争力的基本工资标准,确保员工基本生活有保障。以驾驶员岗位为例,交通企业可综合考量其驾驶技术高低、安全行驶里程长短、工作年限长短等,划分不同基本工资档次,彰显薪酬公平性。绩效奖金制度能将员工工作绩效与薪酬紧密挂钩,企业根据工作任务完成度、工作质量优劣、工作效率高低等指标对员工进行考核,对表现卓越者给予额外奖金激励。像车站售票员,可依据售票数量多少、准确率高低、服务态度好坏等指标进行绩效评估,达标或超标员工获得相应绩效奖金。此外,优化福利待遇也不容忽视,除基本工资与绩效奖金外,提供五险一金、带薪年假、节日福利、定期体检等丰富福利,能增强员工归属感与忠诚度,提升工作满意度,如在重要节日为员工发放礼品或补贴,体现企业对员工的关怀。

2. 职业发展激励

职业发展激励为员工提供广阔成长空间,交通企业应为员工提供多样化的培训与学习机会,助力其提升专业技能与综合素质。例如,定期组织驾驶员参加交通安全培训、新技术培训,提升其驾驶技能与安全意识;为管理人员提供管理培训课程,提高管理水平。通过培训,员工能更好适应企业发展需求,同时感受到企业的重视与培养。交通企业建立明确的职业晋升通道与标准至关重要,依据员工工作表现、能力与潜力,为其提供晋升机会。表现优秀的售票员可晋升为车站值班员、站长助理等管理岗位,技术精湛的维修人员可晋升为维修主管、技术专家等。晋升通道的畅通能激发员工工作积极性与上进心。企业帮助员工制定个人职业规划,根据其兴趣、特长与职业目标,提供针对性建议与指导。企业安排专业职业规划师或上级领导与员工沟通,了解其职业发展需求,帮助他们制定个性化职业发展方案,并定期评估调整。

3. 认可与荣誉激励

认可与荣誉激励能够满足员工心理需求,激发其工作动力。交通企业可建立公开表扬机制,及时表扬与奖励优秀员工。通过企业内部会议、公告栏、企业内刊等渠道,表扬员工工作成绩、创新成果与优秀事迹。如每月评选"优秀员工""服务之星""安全标兵"等,并给予荣誉证书与一定物质奖励。根据员工工作表现与贡献,授予相应荣誉称号,如"技术能手""管理先锋""服务楷模"等。荣誉称号既是对员工过去工作的肯定,也是对未来工作的激励,企业可将荣誉称号与员工职业发展、薪酬待遇挂钩,增强其吸引力。交通企业给予优秀员工参与企业决策的机会,让他们感受自身价值与重要性。此外,邀请员工代表参加企业战略规划会议、管理改进研讨会等,并发表意见与建议。这些机会能激发员工责任感与使命感,提高工作积极性与创造力。

4.工作环境与氛围激励

工作环境与氛围激励能够为员工创造良好工作条件,提升其工作舒适度与满意度。交通企业要为员工提供舒适、安全、整洁的工作场所,改善车站、车辆维修车间等工作环境的硬件设施,如配备舒适座椅、良好通风设备、充足照明等,同时加强安全管理,确保员工工作安全。交通企业要营造和谐、团结、互助的企业文化氛围,促进员工间良好沟通与协作。例如,组织户外拓展、聚餐、文体比赛等团队建设活动,增强员工间感情与团队凝聚力。良好的人际关系能让员工在工作中感受到快乐与温暖,提高工作积极性。根据员工工作能力与特点,交通企业可以合理安排工作任务与工作量,避免员工过度劳累或负荷不足,同时给予一定工作自主权,让其按自身方式方法完成任务,提高工作效率与质量。

5.情感激励

情感激励通过关心员工生活与工作,满足其情感需求,激发工作热情。交通企业领导要关心员工生活状况,了解困难与需求,及时给予帮助与支持。当员工遇到家庭困难、疾病等问题时,企业可以提供一定经济援助或组织员工捐款,让员工感受企业温暖与关怀。企业要建立有效沟通渠道,倾听员工意见与建议,让员工声音被重视,定期组织员工座谈会、设立意见箱等,鼓励员工表达想法与需求,并及时对问题与建议做出反馈与处理。交通企业要关注员工个性化需求,提供个性化关怀。例如,为新入职员工安排导师一对一指导,助其尽快适应工作环境;为有特殊才艺或兴趣爱好的员工提供展示平台与机会。

(二)个人激励的效果

1.员工个人层面的效果

个人激励措施,如薪酬激励、职业发展激励等,能够直接满足员工的物质和精神需求,从而激发他们的工作热情。例如,企业设立绩效奖金制度,员工为了获得更高的收入,会更加主动地投入工作,积极寻找提高工作效率和质量的方法。以某公交公司为例,实施绩效奖金制度后,驾驶员主动学习驾驶技巧,优化行车路线,车辆百公里油耗平均降低了5%,不仅为企业节省了成本,也提升了员工工作积极性。

良好的个人激励机制能让员工感受到企业对他们的重视和认可,从而提高员工的工作满意度。认可与荣誉激励,如公开表扬、授予荣誉称号等,会让员工产生成就感,增强对企业的归属感。比如,某交通物流企业每月评选"服务之星",获奖员工能获得荣誉证书和奖金,企业会在内部进行宣传展示。这使得获奖员工更加热爱自己的工作,对企业的忠诚度也大幅提高,员工流失率明显降低。

职业发展激励为员工提供了广阔的成长空间和明确的发展方向,促使他们不断学习和提升自己的能力。企业提供的培训与学习机会,如专业技能培训、管理能力培训等,能帮助员工掌握新的知识和技能,为职业发展打下坚实的基础。例如,某机场为地勤人员提供航空服务礼仪、外语培训等课程,员工的服务水平和沟通能力得到了显著提升,部分优秀员工还获得了晋升机会,从普通地勤人员晋升为班组长或主管。

情感激励和认可激励能够激发员工的创新思维和工作责任感。当员工感受到企业的关怀和支持时,他们会更加愿意提出创新性的想法和建议,为企业的发展贡献自己的智慧。比如,某交通建设企业在项目实施过程中,鼓励员工提出优化施工方案的建议,并对有价值的建议给予奖励。这一举措激发了员工的创新思维,多个项目在工期、成本和质量方面都取得了显著改进。同时,员工也更加注重工作质量和安全,责任感明显增强。

2. 企业整体层面的效果

个人激励机制能够充分调动员工的工作积极性,使他们更加高效地完成工作任务。员工在激励的驱动下,会主动优化工作流程,提高工作效率,减少工作中的失误。例如,某铁路运输企业实施个人激励措施后,列车的准点率提高了

10%,货物运输的周转时间缩短了 15%,企业的运营效率得到了显著提升。

个人激励机制不仅使员工愿意为客户提供优质的服务,也使员工更加关注客户的需求和体验,努力提高服务质量。以某客运汽车站为例,通过实施个人激励机制,售票员的服务态度更加热情周到,驾驶员的驾驶水平更加平稳安全,车站的环境卫生和服务设施也得到了改善。这些变化使得乘客的满意度大幅提高,车站的客流量也相应增加。

积极向上、能力突出的员工队伍是企业竞争力的核心。个人激励能够吸引和留住优秀人才,提高员工的整体素质和能力,从而增强企业的核心竞争力。例如,某大型交通集团通过完善的个人激励机制,吸引了一批高素质的管理和技术人才。这些人才在企业的战略规划、技术创新、市场拓展等方面发挥了重要作用,使企业在激烈的市场竞争中脱颖而出,市场份额不断扩大。

个人激励机制有助于营造积极向上、团结协作的企业文化氛围。当员工感受到激励带来的好处时,他们会更加认同企业的价值观和文化理念,积极参与企业组织的各项活动,增强团队凝聚力。例如,某交通企业通过开展团队建设活动、设立员工互助基金等方式,加强了员工之间的沟通与合作,形成了互帮互助、共同进步的良好企业文化。

有效的个人激励机制可以提高员工的工作效率和质量,减少因员工工作失误、效率低下等带来的成本增加。同时,激励措施能够降低员工的流失率,减少企业因招聘、培训新员工所产生的成本。例如,某交通物流企业通过实施个人激励,员工流失率降低了 20%,招聘和培训成本相应减少,企业的整体运营成本得到了有效控制。

三、团队激励与个人激励的结合原则

(一)个体表现与团队贡献间的平衡

交通企业的工作通常需要高度的团队合作,因此在激励机制中,既要考虑个体的表现,又要重视团队的整体贡献。个体表现与团队贡献的平衡不仅能提升员工的工作积极性，还能促进团队的整体效率和创新能力。通过合理的激励机制，企业可以确保员工在追求个人目标的同时，不偏离团队的整体目标，实现个人与团队的双赢。

交通企业明确团队目标与个人目标的相互关系是实现个人与团队平衡的关键。交通企业在制定团队目标时，需要充分考虑员工的个人发展需求，从而使员工在追求个人发展的过程中，也能够为团队的整体目标做出贡献。这种目标的相互关系不仅能激发员工的个人潜力，还能增强团队的凝聚力和向心力。通过合理的目标设定，员工能够在实现个人价值的同时，推动团队的整体进步。

交通企业制定合理的绩效评估标准是平衡个人表现与团队贡献的重要内容。在交通企业中，绩效评估不仅要关注员工的个人表现，还要考虑其对团队的贡献。通过科学的评估标准，可以公平地认可和奖励员工的努力和团队的贡献。这种评估机制不仅能激励员工积极参与团队工作，还能促进团队成员之间的合作与信任。

交通企业鼓励员工在团队项目中发挥个人特长，同时强调团队合作的重要性，有助于促进个人与团队的共同成长。交通企业的项目通常需要多学科、多岗位的协作，因此，员工在发挥个人特长的同时，要注重与他人的合作。这种协作不仅能够提升项目的整体质量，还能增强员工的团队意识和责任感。通过强调团队合作的重要性，企业可以促进团队成员之间的相互学习和共同进步。

（二）激励机制在团队与个人中的适应性

团队激励机制应根据团队的性质和目标进行调整，确保其符合团队成员的需求和期望。例如，在一个以创新为导向的团队中，激励机制可能需要强调创造性贡献和团队协作的奖励；在一个以生产效率为导向的团队中，激励机制则可能更关注产量和质量的提升。通过适应团队的具体需求，激励机制不仅能提高团队的整体绩效，还能增强团队成员的凝聚力和归属感。

个人激励措施需要与员工的职业发展计划相结合，提升其对个人目标的认同感和责任感。在交通企业中，员工的职业发展规划可能涉及技术岗位的晋升、管理职位的提升或跨部门的调动。有效的个人激励措施应帮助员工明确其职业发展方向,并通过奖励制度鼓励其在实现个人目标的同时为企业做出更大贡献。这种结合不仅能提高员工的工作满意度,还能促进其职业成长,从而为企业培养出更多的核心人才。

四、团队激励与个人激励的实践应用

(一)团队和个人的双重激励

通过设定团队和个人目标的协同机制,企业能够确保每位员工在追求个人目标时,理解其与团队整体目标的紧密联系。这种协同机制不仅能帮助员工明确自身在团队中的角色和贡献,还能增强其对企业目标的认同感。在实践中,交通企业应注重目标的清晰传达和合理分解,使个人目标与团队目标紧密相连,从而实现个人与团队的双赢。

为了实现团队与个人激励的有效结合,建立多样化的激励方案显得尤为重要。这些方案应结合团队绩效和个人贡献,通过合理的奖励机制确保两者之间的平衡与互补。交通企业可以根据不同时期的战略重点和员工的具体表现,灵活调整激励方案。例如,在团队项目中表现突出的个人,除了获得个人奖励,还应在团队中被认可和表彰,以激发其他成员的积极性和参与感。这种多层次的激励方式有助于形成良好的竞争与合作氛围。

定期的反馈与评估机制是确保团队和个人目标动态调整与适应的基础。通过实施定期的反馈,员工能够及时了解个人及团队目标的达成情况。这不仅可以使员工根据反馈调整自己的工作策略,还可以促进团队在整体目标实现过程中做出必要的调整。交通企业应建立科学的评估体系,定期组织评估会议,确保反馈的及时性和有效性,从而提升员工的工作效率和团队的整体绩效。

(二)灵活运用奖励制度促进团队与个人发展

交通企业在设定奖励制度时,应充分考虑团队目标的重要性,通过集体奖励机制激励团队成员共同努力达成目标,进而增强团队的凝聚力。集体奖励不仅能激发团队成员的合作精神,还能在团队内部形成积极向上的竞争氛围,使成员在追求共同目标的过程中不断提升自我。同时,集体奖励机制需要与企业的整体战略目标相契合,确保团队的发展方向与企业愿景一致。

在奖励制度的设计上,交通企业需要针对不同岗位的特点和员工的个性化需求,制订灵活的奖励方案。这种灵活性不仅体现在奖励方式的多样化上,也体现在奖励内容的可选择性上,使员工能够根据个人需求选择适合自己的激励措施。通过这种方式,员工的参与感和满意度会显著提升。

在实施奖励策略时,交通企业还应结合团队与个人的表现,制定差异化的奖励策略。这种策略的实施确保了每位员工的贡献都能得到公平的认可和奖励,避免了因奖励不公而导致的员工不满和矛盾。差异化的奖励策略不仅能激励表现优异的员工继续努力,也能激励表现相对落后的员工迎头赶上,从而在企业内部形成良好的竞争氛围,推动整体绩效的提升。

参考文献

[1]林丽琼,许皓,张云.人力资源管理理论与实践创新研究[M].北京:中国书籍出版社,2023.

[2]闫芃燕.新时期人力资源管理体系的构建与创新优化[M].北京:中国原子能出版社,2023.

[3]曹恩伟.企业人力资源的规划管理与优化[M].西安:西安出版社,2020.

[4]吴艳华.企业管理与人力资源建设研究[M].北京:中国商务出版社,2022.

[5]梁金如.人力资源优化管理与创新研究[M].北京:北京工业大学出版社,2021.

[6]李蕾,全超,江朝虎.企业管理与人力资源建设发展[M].长春:吉林人民出版社,2021.

[7]李修伟.企业战略管理视角下的人力资源管理探究[M].长春:吉林人民出版社,2021.

[8]周海霞,刘书兵.企业核心员工激励研究[M].长春:吉林出版集团股份有限公司,2020.

[9]郑海涛.人力资源积极行为激励机制研究:基于人力资源归因理论[M].北京:首都经济贸易大学出版社,2023.

[10]杨正宇,古家军.人力资源管理实践教程[M].上海:上海交通大学出版社,2023.

[11]涂满章.数字化时代人才管理新思维[M].2版.北京:企业管理出版社,2023.

[12]瓮春春,尹超,邬登凤.HR薪酬激励技能实操全案:中小企业如何做好薪酬管理和员工激励[M].北京:中国法制出版社,2021.

[13]单天佶.激励与绩效:员工激励多样化方案[M].北京:中华工商联合出版社,2024.

[14]张昶.大数据视角下我国大型企业员工晋升机制研究[M].北京:北京邮电大学出版社,2024.

[15]贾长松.科学分利:企业激励的底层逻辑[M].广州:广东旅游出版社,2024.